사유의 뜰

사유의 뜰

김순자 수필집

수필과비평사

■ 책머리에

35년의 긴 공직생활을 마감하고 이순의 나이에 수필과 인연을 맺었습니다.

황혼의 빈 들녘에 흩뿌려진 이삭을 줍는 심정으로 걸음마를 시작했지요. 달팽이처럼 느리지만 가다 보면 길이 만들어지지 않을까, 황혼의 꿈을 등에 업고 애면글면 살아낸 세월이 근 20년이 다가옵니다.

피천득 선생님의 청자연적 같은 수려한 글을 흉내내기란, 원석에서 보석을 캐내는 일만큼이나 어렵고 요원한 길이었습니다. 그러나 소소한 삶의 현장에서 채굴한 글감들을 하나둘 원고지 위에 올려, 옹색한 언어들을 갈고 다듬는 작업은 즐거운 노동이었습니다. 메말라 있던 영혼의 꽃그릇에 물을 주는 치유의 시간이 돼 주었지요. 평범한 아낙의 세상 사는 이야기이지만, 누군가의 가슴으로 흘러 들어가 작으나마 위안이 되고 용기가 되고 잔잔한 울림을 줄 수 있다면 참 좋겠습니다.

글을 잘 쓰려면 '잘 살아야 한다.'는 어느 작가님의 회초리 같은 말씀이 생각납니다. '글은 바로 사람이다.'라는 지도 선생님의 말씀도 가슴에 새겨 두고 삽니다. 잘 사는 법을 먼저 깨우쳐 실천하는 일이 평생 숙제인 것 같습니다.

어딘가 덜 채워진 미숙아를 세상에 선보이는 것 같아 낯 뜨거운 일이지만 용기를 내 봅니다.

이 책이 출간되기까지 큰 힘이 돼주신 K 선생님과 뒤에서 묵묵히 발길 잡아주시는 B 고문님께 감사드립니다. 멀리 또는 가까이에서 격려와 응원 보내주신 많은 분께 고마운 마음 전합니다.

함께여서 아름다운 안개꽃처럼, 항상 글의 배경이 되어준 사랑하는 가족과 먼 곳에서 지켜보고 계실 지아비에게 이 책을 바칩니다.

2021. 7.

김순자

■ 목차

1부 기행은 사유의 곳간을 채워주고

2부 자연에서 배우는 것들

3부 가족은 내 삶의 버팀목

4부 추억은 샘물처럼

5부 살며 생각하며

1부

기행은 사유의 곳간을 채워주고

보리밭 사잇길

온통 초록 물결이다. 바람이 타 놓은 가르마로 지나가는 일개미들의 행렬처럼, 보리밭 사잇길로 사람들의 발길이 이어지고 있었다. 바람결에도 초록 냄새가 묻어있다.

청보리밭! 그 이름만으로도 기분이 청량해지고 눈이 맑아질 것만 같은, 언젠가는 꼭 와 보고 싶었던 여행지다.

버스에서 해방된 일행은 와아! 탄성을 지르며 일렁이는 바닷길 같은 보리밭 사잇길로 몸을 던졌다. 중간중간 포토존에 들어가 추억 사진도 찍고, 가까이 다가가 보리와 눈 맞춤을 하기도 했다.

까맣게 잊고 있었던 이름 깜부기도 만났다. 어릴 적 깜부기라는 별명을 가진 친구가 어렴풋이 떠올라 기억의 꼬리를 잡는다. 피부색이 남보다 검은 편이어서 짓궂은 남자아이들이 그렇게 불렀다.

군데군데 황금색을 띠기 시작한 보리는 키가 작은 개량종 보리였다. 오랫동안 우리 땅에서 자라던 토종 종자들은 거의 사라지고 개량종이 그 자리를 대신하고 있다니 안타까운 일이다. 개량품종 보리 중에 '앉은뱅이보리'가 있다는데 지금 보고 있는 보리가 그것 아닌가 싶다.

전망대에 올랐다. 바다처럼 펼쳐진 광대한 청보리밭 풍광이 한눈에 들어왔다. 장관이었다. 지평선처럼 하늘과 맞닿은 초록 능선이 아스라이 멀었다. 파란 하늘과 보리밭 사이 드넓은 공간을 자유로이 유영하는 바람이 잠시 부럽다. 바람이라면 금세 달려가 보리밭 끄트머리에 닿을 수도 있을 텐데….

전망대에서 내려와 다시 길을 걸었다.

"보리밭 사잇길로 걸어가면…."

보리밭을 배경으로 꾸며진 무대 위에서 누군가 노래를 부르고 있었다. 소아난치병 아이들을 돕기 위해 마련된 무대라는데 신청곡이 들어오거나 사람들이 몰려와서 빈자리를 채우면 더욱 열창을 하였다. 어려운 이웃을 위해 자기를 헌신하는 것은 얼마나 아름다운 일인가. 재능기부로 노래를 부르고 있는 젊은 가수의 마음이 청보리밭만큼이나 푸르고 넉넉해 보였다.

모금함이 무대 옆에 있었다. 문우님 한 분이 기부를 하자 다른 분들의 기부도 이어졌다. 뜻하지 않은 장소에서 만난 마음 훈훈한 선행! 그에 동화되어 작은 마음들이 모아지는 풍경은 얼마나 흐뭇한가.

잠시 마음을 추슬렀다. 오래전에 세상을 뜬 언니 생각에 마음이 울컥해

졌기 때문이다. 백혈병! 그때는 치료 방법이 없는 난치병이었다. 납인형처럼 하얀 얼굴로 누워만 있던 언니, 한없이 측은했던 언니가 지금도 생각난다.

깜부기를 쓰다듬는다. 어쩌면 이 깜부기도 보리 이삭 중에 난치병인 깜부깃병에 걸린 게 아닐까. 머지않아 깜부기도 언니처럼 보리라는 이름에서 지워지게 될 운명이라 생각하니 그마저도 측은해 보였다.

"아야, 뛰지 마라. 배 꺼질라" 노랫말도 절절한 〈보릿고개〉가 흘러나왔다. 한 많은 보릿고개의 추억을 가진 세대들이 공감하는 노랫말이다. 파란 하늘 위에서 풍성한 보리밭 전경을 내려다보고 계실 어머님이 생각났다. 어머니의 보릿고개는 길고도 험난했다. 열네 살 어린 나이에 시집을 오셨단다. 가난을 운명처럼 들쳐 업고 고생길로 들어선 어머니는 새댁시절부터 남의 집 품팔이며, 삯바느질, 요릿집 허드렛일 등 가족을 위해 온갖 궂은일도 마다하지 않으셨다. 첫아기를 해산하고 산후조리는커녕 따뜻한 미역국 한 그릇 제대로 얻어먹지 못해 아기에게 물릴 젖이 부족했단다. 그 고통을 어찌 짐작이나 할 수 있으랴. 하도 허기가 져서 주인집 마당에 널어놓은 메주콩 조각을 몰래 떼어 먹기도 했다니, 수줍음 많던 새댁의 체면을 무엇으로 감출 수 있었을까. 전설처럼 슬픈 이야기를 눈물 섞어 귀에 담았던, 어릴 적 기억이 아직도 화인火印처럼 남아 있다.

꽁꽁 언 땅속에서 생명을 품어 키워내는 씨앗보리처럼 어머니의 모진 희생과 사랑은 아홉 남매를 곱게 길러내셨다. 조건 없이 퍼주기만 하는 어머니의 사랑을, 하늘에서 내려오는 비처럼 그냥 받으면 되는 것으로 알았던 철부지였다.

내가 엄마가 되어 보니 갚아야 할 사랑 빚이 너무도 큰데, 어머니는 기다려 주지 않는다는 걸 왜 진즉 몰랐을까. 참회의 방망이가 가슴을 친다.

보리밭 위로 오버랩 되는 어머니의 모습을 그려본다. 정갈하게 쪽 찐 머리, 허리엔 하얀 광목 앞치마 두르시고 베적삼 소매는 둘둘 걷어 올린 채 동동걸음 하신다. 우물가 자배기 안에는 살짝 불린 보리가 수난을 당할 참이다. 덜 벗겨진 보리쌀 등겨를 돌확에 박박 문지른다. 뜨물이 안 나올 때까지 몇 번이고 헹군다음 가마솥에 보리쌀을 안친다. 솥뚜껑 틈으로 김이 솔솔 삐져나오고 가마솥 배를 타고 눈물이 줄줄 흐르면 보리쌀이 거의 삶아진 상태다. 뜸 들기 전, 쌀을 한 줌 씻어 삶은 보리 위에 살짝 얹고 손등으로 밥물을 가늠한다. 보리밥 짓기는 이렇게 복잡한 과정을 거쳐야 완성된다. 그뿐이랴, 틈새 시간을 이용해 뚝배기에 장을 풀어 아궁이 잔불에 올리고, 뜸 들이는 사이 호박잎도 밥 위에 올려 쪄낸다. 끼니때마다 그 많던 식솔 밥상을 차리느라 얼마나 고생을 하셨을까? 자식들 밥 한 숟가락이라도 더 먹이려고 어머니 밥사발엔 늘 푸석한 곩갱이밥이었다. 보리밥도 모자라 허기지게 살았던 시절이었는데, 지금은 먹을거리가 넘쳐나 영양 과잉으로 질병에 시달리는 삶을 살고 있으니 격세지감이 아닐 수 없다.

쌀과 보리, 그 시절엔 쌀은 금이고 보리는 은이었다. 소꿉놀이의 하나인 '쌀밥 보리밥놀이'가 생각난다. 제비꽃 열매를 따서 터트려 하얀 씨가 나오면 쌀, 누런 씨가 나오면 보리였다. 쌀이 이기는 것이고 보리면 지는 놀이였다.

지금은 건강 식재료로 보리가 더 대접을 받는다. 45종의 영양소를 잔뜩 품고 있다는 새싹보리! 동의보감에도 보리는 오곡지장, 즉 오곡의 으뜸이라 기록되어 있다. 이처럼 많은 약성을 지닌 보리의 품격을 최상급으로 올려주어도 되지 않을까 싶다.

그 옛날, 하얀 쌀밥과 비교하며 도시락 속 꽁보리밥이 부끄러워 주눅 들었던 때가 지금은 그립다.

초등학교 시절 친구네 보리타작하던 날 풍경이 뇌리를 스친다. 큰 양푼에 보리밥과 열무김치, 보리고추장 푹 떠 넣고 참기름 두르고 쓱쓱 비벼서 한 수저 입에 넣으면, 씹을 새도 없이 잘도 넘어갔다. 타작마당에서 붙어온 가시랭이가 집에 올 때까지 몸 안에서 까슬까슬 괴롭혔지만, 그래도 따갑던 그 여름날의 꽁보리밥 맛은 잊을 수 없다.

몸도 마음도 한없이 풍성해지는 청보리밭! 어머니의 너른 치마폭인 양 맘껏 뒹굴며, 어릴 적 추억도 불러내고 그리운 얼굴들도 만났다.

청보리 낱알 하나하나를 키워낸 자연의 숨결이, 자식들의 성장을 위해 무한 사랑을 베푸시는 어머니의 손길처럼 느껴졌다.

보리밭 사잇길을 걸으며 어머니를 생각한다. 자연의 위대함을 느낀다. 씨앗보리 하나 품어 싹을 틔어준 흙, 목마름을 해갈해 준 비구름, 알곡이 될 때까지 성장을 도와준 햇볕, 그리고 더위에 지친 몸을 솔솔 풀어주고 가는 바람! 하늘과 땅 사이에 존재하는 모든 생명체를 보듬는 자연의 혜은惠恩이 허공만큼 무량 광대함을 느낀 하루였다.

다산과 하피첩

텔레비전에서 방영하는 〈천상의 컬렉션〉이라는 프로그램이 있다. 희소성이 높고 역사적으로 가치가 뛰어난 진귀한 보물들이 매회 소개된다. 주로 연예인 서너 명이 같이 등장한다. 그날의 보물 중에서 각자 한 가지씩을 선택하여 자신이 선택한 보물의 탄생과정과 역사적 배경 등을 재조명하며 열띤 대결을 펼친다. 우열을 가릴 수 없을 만큼 각각의 특성과 우수성이 뛰어나다 보니 그 가치를 평가하기란 쉽지 않다. 과연 어느 작품이 1위로 뽑힐 것인가 궁금증으로 보는 이의 흥미를 더해간다.

오늘 선보인 보물 중 하나가 '하피첩'이다. 나와는 두 번째의 만남이다. 주마간산 격으로 스쳐버린 첫 만남의 아쉬움을 채울 수 있는 기회라 반가웠다. 열정적으로 작품을 소개하는 강연자를 마음속으로 응원하며 언젠가 보았던 하피첩을 떠올렸다.

경기도 남양주시에 있는 다산 정약용 생가와 실학 박물관을 둘러보게 된 것은 지난 봄 문학기행 때였다. 박물관에 들어서며 제일 먼저 집어 든 팸플릿에 다산의 하피첩이 소개되어 있었다. 하피첩(노을 하霞, 치마 피帔, 서 첩帖), 노을빛 치마에 새긴 편지, 그 이름만으로도 찡한 울림이 있었다. 붉은색 치마가 노을빛으로 변하기까지 그 통한의 세월을 어찌 견뎠을까.

귀양살이 10년 째 되던 해, 부인이 남편을 그리워하는 마음을 담아 혼례복으로 가져온 붉은 치마를 유배지로 보내 왔단다. 그 치마를 여러 폭으로 마름질하여 조그마한 서첩 네 개를 만들었다. 서첩에는 당시 18세, 15세 두 아들에게 당부하고 싶은 아비의 마음을 적어 넣었다. 남은 천으로 매화병제도를 그려 작게 장정하여 시집가는 딸에게도 보냈다. 그림 속 시문에는 고향 그리는 마음 절절하다.

> 포롱 포롱 날아온 새 우리 집 매화 가지에 쉬는구나/
> 꽃향기 짙으니 그래서 찾아왔겠지/ 여기 머물고 깃들어
> 네 집안을 즐겁게 하려무나/ 이제 꽃 활짝 피었으니 열매도 많이 열리겠네.

그림은 물론 시문에도 능숙한 문장가였음을 말해준다.

하피첩은 위대한 실학자, 정치가, 의학자가 아닌 아버지로서의 자애로운 마음이 그대로 새겨진 서책이 아닐까. 마음 속 깊이 고인 한숨과 눈물 찍어 내어 한자 한자 치마폭에 풀어냈으리.

자식들을 향한 아버지의 애틋한 사랑이 담긴 이 서책은 후손 대대로 보전했는데 한국전쟁 통에 종손이 수원역에서 잃어버리고 말았다. 그러다가 2004년 수원의 폐지 수레에 실려 있던 것을, 한 남자가 발견해 보관하다가 2006년 어느 방송 프로그램에 감정을 의뢰했다, 그 책이 '하피첩'이라는 사실을 알아본 감정위원들은 감정가 1억 원을 매겼다. 그 후 2015년 경매에서 국립민속박물관이 실학박물관을 제치고 7억 5천만 원에 낙찰받아 보관 중이라 한다.

쓰레기로 영영 묻혀 버릴 뻔했던 보물이, 우여곡절 끝에 귀향하여 역사적 유물로 남게 되었으니 참으로 다행한 일이다.

실학은 조선후기 경기도와 서울을 중심으로 등장한 유학의 새로운 학풍이었다. 임진왜란 병자호란을 겪으며 황폐화된 조선사회를 개혁하고 백성들의 생활에 실질적으로 도움이 되는 학문으로 발전시키고자 실학자들이 나섰다. 농업 생산력의 증가와 새로운 상업의 발달을 가져왔다. 실학의 전개로 서양의 학문과 문물이 전래되면서 조선의 천문학 지리학은 크게 발전했다. 그 시대 과학 발명품인 천구의, 자명종, 지구전후도 등이 만들어졌다는 사실이 놀라웠다. 실사구시의 정신으로 백성을 위한 정책을 펼치고자 했던 실학자들의 발자취가 크게 느껴졌다. 정약용의 목민심서와 여러 학자들이 남긴 유물들을 감상하고 박물관을 나왔다. 정약용의 생가가 있는 마재마을로 발길을 옮겼다.

255년을 거슬러 그가 태어나 자라던 땅을 밟아본다. 마재에서 태어나 15년을 살다 상경해, 성균관 유생 시절을 거쳐 벼슬살이를 할 때도 고향을 수시로 찾았단다. 강진에서 18년 유배생활을 마감하고 돌아와 또 18년을 이곳에서 살다 삶을 정리했다고 하니 33년을 고향의 품에서 지내신 셈이다.

집 앞에는 지금의 한강, 살수로 흘러 들어가는 실개천이 있었고 뒤로는 유산이 있었다. 귀양살이 하면서 늘 생각이 머물던 곳, 그 유산에 부인과 합장한 정약용의 묘가 자리하고 있었다. 멀리 떨어져 살며 고향의 산천과 가족에 대한 향수를 이렇게 시로 달랬으리라.

> 저 유산 아래는 내가 사는 집이 있고/
> 끝없이 넓은 살수에는 물고기가 가득하며/
> 정원도 있고 남새밭도 있고 거문고도 있고 책도 있건만….

마당 한편에는 여유당이 자리하고 있었다. 1800년 정조의 갑작스런 죽음으로 다산은 고향인 마재로 내려와 형제들과 경전을 공부하면서 그곳에 여유당이란 편액을 걸었다고 한다. '여유與猶'란 겨울에 시내를 건너는 것처럼 신중하게 하라는 뜻으로 세상일과 자신에 대한 경계의 의미가 담겨져 있다. 문도文度 라는 시호를 받을 만큼 학문에 부지런하고 마음을 바르게 다스리는 선비의 인품을 그대로 엿볼 수 있었다.

문학기행을 통해 조선후기 새롭게 등장한 실학에 대하여 많은 것을 배우는 계기가 되었다. 실학의 형성 과정과 실학의 전개 그리고 과학으로 이어지는, 실사구시의 학문으로 자리매김하기까지의 발자취를 한눈에 볼 수 있어 좋았다. 실학을 집대성한 다산 정약용의 유물 중 《목민심서》를 가까이 볼 수 있는 좋은 기회였고, 무엇보다 영원히 사라질 뻔했던 보물, 다산의 하피첩을 만날 수 있었던 건 행운이었다. 역사는 소중한 정신적 자산이다. 역사 앞에 겸손해져야 함을 스스로 깨우치는 유익한 기행이었다.

텔레비전을 통하여 그때의 하피첩을 다시 만나니 헤어졌던 동기간이라도 마주한 듯 반갑기만 하다.

섬 안의 또 다른 섬

수필과비평 하계 세미나가 아름다운 섬 거제에서 열린다는 안내문이 도착했다. 먼 거리라 조금 걱정도 됐지만 바다와 만날 수 있다는 설렘이 내 마음을 부추겼다. 또한 수필 문단을 이끌어 오신 작가들을 가까이서 뵐 수 있는 드믄 기회였기에 만사를 제치고 참석하기로 했다.

넉넉한 성품의 K 선생님께서 이번에도 우리 일행의 안락한 여행을 위해 든든한 다리가 돼 주셨다. 장거리 운전에 지칠 만도 한데, 시종일관 밝은 표정으로 일행의 마음을 편하게 해주셔서 얼마나 고마웠던지….

아침 일찍 출발해서 점심 전에 도착할 수 있었다. 시내에서 푸짐한 해물탕으로 시장기를 달래고 목적지인 거제대학으로 향했다. 바다가 보이는 도로를 따라 신나게 달리다 보니 가슴이 확 트이고, 수평선 멀리서 다가오는 시원한 바닷바람은 눈을 맑게 씻어내 주었다.

연육교가 생기면서 섬 아닌 섬이 되어버린 거제도! 제주도 다음가는 큰

섬, 거제도에 배가 아닌 자동차로 왕래할 수 있다는 게 신기했다.

남도의 따뜻한 기후 때문일까? 열대 가로수들이 태양볕을 즐기는 듯, 큰 키를 자랑하며 꿋꿋하게 서 있는 풍경이 이채로웠다.

행사장인 거제대학은 시내에서 좀 떨어진 곳에 위치하고 있었다. 도착해보니 전국에서 모인 많은 회원들로 행사장은 붐비고 있었고 입구에 접수석이 마련돼 있었다. 황의순문학상과 수필과비평문학상 그리고 등단의 영예를 거머쥔 신인상 수상에 이어 수필대학 문학 강연이 이어졌다.

선배 문인들처럼 청잣빛 수려한 작품을 남기려면 얼마나 많은 고뇌의 밤을 거쳐야 할까? 이론서나 원로 작가들의 강론이 머리로는 이해가 되지만, 가슴으로 내려와 혼에 불을 지필 만큼 뜨거운 그 무엇이 아직 응축되지 못한 탓일까. 아직은 어렵고 길이 요원하기만 하다. 수필이 좋아서 겁 없이 뛰어들긴 했지만 언어의 갈증을 느낄 때가 많다. 해서 글 빚쟁이가 된 듯 마음이 버겁기만 하다. 사물을 보는 수필가의 눈은 현상을 볼 것이 아니라 본질을 파악할 수 있어야 한다는 것, 그리고 참신한 소재, 참신한 해석, 참신한 형상화가 이루어져야 한다는 것. 그래야 살아 숨쉬는 수필이 창작된다는 가르침을 다시 한 번 새기게 되었다.

저녁 만찬을 즐기고 배정받은 숙소를 찾아 짐을 풀었다. 호텔수준으로 꾸민 기숙사라 했다. 방이 쾌적하고 넓은 데다 확 트인 바다풍광까지 조망할 수 있어서 좋았다. 어둠이 내려앉은 저녁시간에는 야외무대에서 펼쳐지는 풍물패 한마당 공연과 지역별 장기자랑에 이어 캠프파이어로 축

제 분위기가 고조되었다. 여름 밤하늘을 수놓는 불꽃은 자유분방하게 허공을 헤엄치고, 백중 보름 달빛은 축제의 마당 한가득 은빛 가루로 내려앉았다. 불꽃무덤이 사위어갈 즈음 요란하던 풍물패도 물러가고 사람들 발길도 어둠 속으로 빨려들어간 듯 사방이 조용해졌다. 그렇게 거제의 첫 밤이 추억 속으로 사라지고 새로 맞은 아침은 해맞이의 감동으로 상쾌한 시작이었다. 먼 바다에서 갓 건져올린 불덩이인 양, 물 위에 둥실 떠 있는 태양을 마중하며 자연이 펼쳐 놓은 장엄한 풍광에 감탄사가 절로 나왔다.

우거지된장국으로 간단한 식사를 마치고 거제의 명소를 찾아 문학기행에 나섰다. 처음 코스는 학동의 몽돌해수욕장이었다. 망망하게 펼쳐진 바다의 품속으로 퐁당 뛰어들어 세상 티끌 모두 씻어내고 싶었다. 여름 햇살에 달구어진 몽돌의 촉감이 매끄럽고도 보드라워 한없이 걷고 싶었지만 다음 코스로 이동해야 했다. 어쩜 그리도 모난 구석 하나 없이 동글동글한 얼굴을 하고 있을까? 짜디짠 바닷물에 담금질한 세월이 그 답을 알고 있으리라.

다음 코스는 신선대였다. 산책로를 따라 내려가다 보면 갓 모양을 한 바위가 머리 위에 한 그루의 해송을 이고 위엄 있게 서 있다. 신선들이 노닐었음 직한 너른 바위와 푸른 바다가 잘 어우러진 아름다운 풍경이었다. 이어지는 코스는 작은 포구 옆 '바람의 언덕'이었다. 바다로 나간 지아비를 기다리던 장소이기도 하고, 작은 띠풀이 많아 흑염소를 방목하던 언덕이었다고. 근래에 와선 영화 촬영지로 각광을 받고 있단다. 마지막 코스는 민족역사교육의 장소로 도에서 문화재로 지정 관리하고 있는 거제포로수용소 기념공원이었다. 섬이라는 지역 특성을 이용해 전쟁 포로들을 수용하고 관리한 장소였다 한다. 당시 최대 17만 3천여 명을 수용했다 하니 그 규모를 가히 짐작할 수 있었다. 그 안에서도 반공포로와 친공포로 간의 이념 대립으로 유혈사태가 빈번했다 하니 섬 안에서 또 다른 섬을 만들며 서로를 가둔 게 아닐까?

섬! 섬의 의미를 잠시 생각하게 한다. 우주에서 내려다본다면 지구 한 귀퉁이 망망대해에 떠 있는 아주 작은 점 같은 것. 고립, 외로움. 우리네 인생도 때때로 섬같은 느낌이 들 때가 있다. 사람은 원래 하나의 개체로 운명 지어진 외로운 존재이니까. 그러고 보면 사람은 누구나 자기 안에 외로운 섬 하나씩 품고 살아가는 게 아닐까.

거제도 안의 또 다른 섬, 포로수용소를 둘러보는 내내 숙연한 마음이 옷깃을 여미게 했다. 오늘날 우리가 자유를 누리며 살고 있는 이 토대는 민족의 숭고한 얼을 목숨 걸고 지키려 했던 선열들의 희생이 있었기 때문이리라. 마음의 중심을 곧게 세운다는 '충忠'의 뜻을 되새겨 보는 기행이었다.

살아 있는 상록수

충남평생교육진흥원에서 지원하는 문학 행사로, 당진에 위치한 심훈기념관과 필경사를 둘러볼 기회가 있었다. 지난주에는 《상록수》의 배경지, 경기도 안산에 있는 최용신기념관도 관람하는 행운을 누렸다. 《상록수》의 두 주인공 채영신과 박동혁이 실재인물이었다니 더 큰 감동으로 다가왔다. 채영신은 그 당시 농촌 운동에 참여했던 최용신을 모델로, 박동혁은 심훈의 장조카 심재영을 모델로 하여 인물을 창조해 낸 것이라 한다.

심훈기념관에서 심훈을 만났다. 독립운동가, 민족저항시인, 소설가, 영화인, 언론인으로 폭넓은 활동을 했던 심훈, 3·1 독립운동에 적극적으로 참여하다 투옥되는 고초도 겪었다. 감옥에서 어머니께 보낸 편지의 내용이 절절한 슬픔이었지만 그 속에는 추운 겨울에도 꿋꿋이 살아남는 새파란 생명의 노래가 녹아 있었다. 일제의 집요한 간섭과 검열에 걸려 작품

활동도 자유롭지 못했지만 그의 투철한 민족의식은 꺾이지 않았다. 짧은 기간 동안 상상할 수 없을 만큼 많은 시와 작품을 남겼다. 《상록수》를 영화로 만들기 위해 심혈을 기울였으나 일제의 방해로 뜻을 이루지 못했다 하니 그 통한이 얼마나 컸을까. 그 후 《상록수》를 단행본으로 제작하는 도중 과로로 건강을 잃고, 장티푸스에 걸려 36세의 아까운 나이로 '그날'을 보지 못하고 세상을 뜨고 만다.

그는 문학계는 물론 영화계, 언론계 등 문화계 전반에 걸쳐 큰 발자취를 남겼다. 손수 설계한 필경사에서 집필한 《상록수》는 농민문학의 선구적인 작품으로 꼽힌다. 일제치하에서 고통 받고 있는 농민의 삶을 사실적으로 형상화하여 시대의 아픔을 절절히 담아냈다. 1930년대 농촌계몽운동을 소재로 한 대표적인 소설로 자리 잡으면서 그 당시 독자들의 큰 호응을 얻었다고 한다. 문예현상모집에 당선되자 그 상금으로 상록학원을 설립하기도 했다. 독립운동가, 민족저항시인으로 짧은 생을 불태운 그의 업적을 기려 2,000년 건국훈장 애국장을 추서했다.

아픈 역사의 수난기에 태어난 《상록수》의 두 주인공, 동혁과 영신! 나라의 부흥을 위해선 우선 농촌이 살아나야 하고 농민이 문맹에서 깨어나야 한다는 신념으로 고등교육의 기회도 버린 채, 시골로 내려와 농촌계몽운동에 젊음을 바친다. 영신은 일제의 간섭과 가난이라는 어려운 여건 속에서도 학교 건립의 꿈을 실현하기 위해 모금 운동을 벌인다. 그러나 뜻대로 되지 않자, 몸담고 있는 청석골에 직접 청석학원을 건립하고자 나선다. 결국 과로와 질병으로 학원 낙성식 날, 숨을 거두고 만다. 그들의 나라 사랑 민족사랑 정신은 많은 시간이 흐른 뒤에도 살아 있는 상록수처럼 우리의 정서 속에 존재한다. 오늘날 그런 작은 영웅들이 그리워지는 건 시끄러운 현 시국을 바라보는 국민 모두의 마음이 아닐까.

오직 나라와 민족을 지키기 위한 선열들의 숭고한 희생이 있었기에 오늘날 이 땅 위에 우리가 이만큼의 복을 누리며 사는 것이리라.

국정농단의 치부가 양파 벗기듯, 속속 드러나면서 법과 질서가 무너진 현 시국을 규탄하는 국민의 목소리가 화산 터지듯 분출하고 있다. 주말마다 서울의 도심을 송곳처럼 빽빽하게 메우고 전국 곳곳으로 번져나간 촛불의 파도! 이참에 촛불의 의미를 되새겨 본다. 가녀리고 하얀 몸속에 마음의 기둥, 심지를 곧게 세우고 스스로 살을 태워 녹임으로써 주위를 밝히는 촛불! 고귀한 희생을 뜻하리라. 그리고 어둠을 몰아내는 빛의 힘이기도 하리라.

《상록수》의 주인공들은 일제강점기 어려운 여건 속에서도 뜻을 세워 농촌계몽운동에 젊음을 불살랐다. 일신의 안위를 꾀하지 않고 나라와 민족만을 생각했다. 짧은 생애를 살았지만, 그 혁혁한 애국정신은 후대에 길이 남을 빛이 되었다. 양심을 깨우는 민족의 횃불로 영원히 살아 있는 것이다.

밝은 세상을 염원하듯 손에 손에 촛불을 들고 거리로 나선 국민들, 규탄의 목소리가 점점 증폭되어가고 있다, 1차 모임 때 4만여 개이던 촛불이 5차 집회에선 190만 개란다. 이제 걷잡을 수 없는 들불로 번지는 건 아닌지 위태롭고 염려스럽다. 시위 현장 인터뷰에서 '권력은 더러운 것'이라고 성토하는 여학생에게 어른이 변명할 말은 없을 듯하다. 최고의 권력을 등에 업고 사리사욕을 채우기 위해 국정을 마음대로 농단했다면, 그 엄청난 비리와 의혹들이 명명 백백 드러나 관련자들까지 죗값을 톡톡히 치러야 하리라. 세상의 모든 죄는 물욕에서 나온다는 불경의 한 구절이 떠오른다.

옛 어록에 백성은 임금의 하늘이라 했다. 하여 이길 수도 없고 가릴 수도 없다. 민심의 바다에 떠 있는 배, 대한민국호가 정도를 찾아 순항하기를 모든 국민은 바라고 있다.

이 시대, 살아있는 상록수를 어디서 만날 수 있을까? 저 촛불 하나하나가 나라 사랑 정신으로 푸르게 푸르게 승화되길 빌어본다.

꿈꾸는 몽돌

돌멩이들이 따끈따끈 익을 정도로, 폭염이 극성을 부리던 어느 여름날이었습니다. 잔잔한 파도 소리와 갈매기를 벗하며 일광욕을 즐기고 있었지요. 오후의 나른함이 몰려와 슬며시 잠 속으로 빠져들었나 봅니다.

"와아, 바다다!" 한꺼번에 몰려든 사람들의 호들갑스런 탄성에 화들짝 잠이 깨었답니다. 늘 파도가 들려주는 바닷속 이야기에만 귀 기울여왔던 나는 사람들이 살고 있는 바깥 세상에 호기심이 동했습니다. 뭍으로의 여행, 언감생심 어디 꿈이나 꿀 처지인가요? 그저 숨죽이고 엎드려 사람들의 이야기에 귀를 쫑긋 세우고 있을 수밖에요. 오늘 만난 손님들은 글을 쓰시는 분들 같았습니다. 관심과 애정 어린 눈으로 저의 내면까지도 들여다보는 듯했습니다. 보통 사람들은 반들반들 고운 제 겉모습만 보거든요. 빈틈없이 꽉 찬 속마음까지도 읽어내는 이런 작가들이 있어 저희들 이야기가 세상에 전해질 수 있으니 고마운 일이죠.

잠깐 제 소개 좀 할까요? 제 이름은 몽돌이에요. 왜 하필이면 이름이 몽돌이냐고요? 모난 데가 없이 둥글둥글해서 붙여진 이름이 아닐까요? 어쨌거나 그날 이후 제 운명이 확 바뀌는 일말의 사건이 일어났습니다.

그날도 여느 때와 마찬가지로 친구들과 어깨를 부비며 바닷가에 납작 엎드려 있었지요. 파도의 도움 없이는 단 한 발짝도 옮기지 못하는 게 저희들의 타고난 운명이니까요. 그런데 뒤에서 짜그락짜그락 발자국 소리가 들리더니 '아이 예뻐!' 하며 자그마한 제 몸뚱이를 번쩍 들어 올리는 손길이 있었답니다. 그 뒤 나는 어두운 주머니 속에서 가슴이 콩닥콩닥 뛰었지만 한편으론 앞으로 펼쳐질 다른 세상 구경에 신이 나기도 했습니다.

졸지에 사람들 틈에 끼어 뭍으로의 첫 여행이 시작되었습니다. 빈자리 없이 꽉 들어찬 몸집 큰 버스도 타보고 자그마한 승용차로 옮겨 타는 경험도 했지요. 그날 저녁 어둑해질 무렵 어느 도시의 아파트라는 곳에 당도했답니다. 나를 데려온 분이 이 집 주인인 듯했습니다. 나는 보드라운 손수건에 감싸여 책들이 빼곡한 책장 위에서 첫 밤을 맞이하게 됐지요. 며칠을 그 자리에서 부동자세로 지내다 보니 갑갑하고 심심해져서 또 다른 곳으로의 여행을 꿈꾸게 되었습니다. 그러던 어느 날 우연히 찾아온 기회가 나의 꿈을 부풀게 해 주었지요. 먼 거리도 쉽고 안전하게 달려갈 수 있는 기차여행을 난생처음 하게 된 것입니다. 서너 개의 기차역을 거쳐 목적지에 도착했습니다. 눈이 휘둥그레질 정도로 많은 사람과 자동차, 하늘 높은 줄 모르고 위로 솟은 빌딩들, 휘황찬란한 전광판들이 불야성을 이룬 이곳이 우리나라의 수도 서울이라네요.

기차에서 내려 시내버스에 옮겨 타고 길게 꼬리를 문 자동차의 물결을 헤치며 달렸습니다. 화마의 시련을 딛고 새 모습으로 우뚝 선 숭례문과 첫 대면을 했을 때는 가슴이 뭉클했습니다. 시청 앞 잔디 광장도 보이고 광화문 네거리를 지키고 있는 이순신 장군 동상과, 책을 펴들고 위엄 있게 앉아계신 세종대왕의 모습도 휙휙 지나갔습니다. 풍전등화의 위기에서 우리 백성과 바다를 지켜낸, 성웅 이순신 장군의 모습을 거제도가 아닌 서울 한복판에서 다시 만나 뵈니 감회가 새로웠습니다.

얼마를 달렸을까, 번잡스런 도시를 조금 벗어난 듯 멀리 북한산 봉우리가 눈에 들어왔습니다. 우리가 도착한 곳은 북악산 자락에 위치한 오래된 빌라 단지였습니다. 여기에 살고 있는 따님을 만나러 오신 것 같았습니다. 따님은 나를 반갑게 맞아 주었답니다. 예쁘고 귀엽다며 어루만지더니 벤자민 화분 위에 고이 올려놓았습니다. 거기에는 이미 터를 잡고 앉아있는 하얀 차돌 친구들이 여럿 있었습니다. 색깔은 서로 다르지만 우린 금방 친해질 수 있었죠. 이렇게 조용하고 깨끗한 환경에서 살 수 있게 됐으니 나는 복이 많은 것 같습니다. 해님 구경도 못하고 땅속 깊은 곳에서 혹은 바닷속에서 숨죽이며 사는 친구들도 허다할 테니까요.

애초에 우리 돌들은 어떻게 생겨났을까요? 우주 공간의 커다란 힘, 즉 빅뱅에 의해 지구별이 만들어질 때 바다와 뭍이 생기고 화산이 터지면서 크고 작은 돌멩이들이 탄생했겠죠. 지구의 나이만큼 오래된 친구들도 아마 많이 존재할 겁니다. 지구 곳곳에는 지각변동에 의해 바닷속 암석들이 육지로 솟아올라 뭍으로 변하기도 했지만요, 태곳적부터 제자리를 지켜온 우람한 바위들도 있답니다. 세찬 비바람에도 끄떡없이 굳은 의지와 신념으로 침묵의 세월을 견뎌 내지요.

지구와 인류의 역사를 연구하는 고고학자들에 의해 진귀한 사실들이 차츰 세상에 밝혀지고, 그 이야기를 귀담아 들어둔 덕분에 우리 돌멩이들의 출생에 대해서 조금은 알고 있답니다.

헌데 간혹 어떤 사람들은 돌을 하찮게 여기는 경향이 있어요. 나쁜 것의 대명사인 양 앞에 돌 자를 붙이기 일쑤죠. 돌대가리, 돌팔이, 돌연변이, 돌배라 부르기도 하고, 한눈팔다가 발부리에 걸리기라도 하면 애먼 돌멩이를 툭 걷어 차버리기도 해요. 너무 흔해서일까요?

생각해보면 우리는 인류 역사 속에 가장 가까이 있으면서 여러 가지로 쓰임새를 제공해온 신통한 존재인데도 말입니다. 구석기 신석기시대가 그것을 증명하고 있지 않나요? 처음 불을 만들어 낸 것도, 유일한 사냥도구가 되어준 것도 우리들 공이 아닐까 합니다. 그뿐인가요. 외침을 막기 위한 성벽이 되어 주기도 했고요. 사람들이 안전하게 살 수 있도록 튼튼한 주춧돌이 되어 집을 떠받들기도 한답니다. 이렇듯 우리 친구들은 타고난 기질과 장점들을 많이 가지고 있답니다. 언제 어디에 갖다 놓아도 불평하지 않고 묵묵히 제 할일을 할 따름입니다. 그런데 저희들 얼굴에 마구 상처를 내는 일은 참아 주셨으면 해요. 북한 땅의 금강산 일대에는 큰 바윗돌에 빨간 글씨로 구호를 새겨 넣어, 보는 이들의 눈살을 찌푸리게 하는 경우도 있다고 하죠. 그러나 자연을 지키고 사랑하는 사람들이 훨씬 더 많다는 것도 알고 있습니다. 사람들과 도움을 주고받으며 오래도록 그 인연을 이어갔으면 좋겠습니다. 석공의 섬세한 손길과 저희들이 만나면 아름다운 예술품이 탄생하기도 하니까요. 돌에 혼을 불어넣는 훌륭한 손길에 의해 길이길이 역사에 남을 생명 있는 돌이 되기도 하죠. 경주의 석가탑에 얽힌 애달픈 사연처럼 말입니다. 마이산을 비롯한 우리나라 곳곳에 아름다운 돌탑이 많이 세워져 있지요. 지리산 삼성궁 일대의 수많은 돌탑과 돌담들을 구경하신 적 있나요? 우리 한민족의 뿌리인 환인, 환웅, 단군을 삼성으로 모시고 우리나라의 건국이념인 홍익인간 제세이화의 우주적 평화 철학을 구심으로 삼고자, 한 뜻있는 분이 수십 년간 조성했다지요. 그 규모에 놀랐고 돌의 자연미를 살리면서도 안정적으로 축조하여 그 짜임새가 완벽에 가깝답니다. 얼마나 많은 대화를 돌들과 나누며 한 개 한 개 쌓아 올렸을까요. 그 땀과 정성이 놀랍기만 합니다. 저희들이 단단하게 엮은 어깨동무를 풀지 않는 한 아름다운 돌탑이나 돌담길은 오래오래 제자리를 지키며 후손들에게 역사를 전할 것입니다.

자화자찬이 너무 길어졌나요? 이제 본래의 무거운 입으로 되돌아갈까 합니다만, 제 근황이 좀 궁금하시다고요? 저에게는 또 한 번 신변의 변화가 있었답니다. 깨끗하고 조용한 거실이었지만 제가 살던 곳은 햇볕을 거의 구경하기 힘든 구조의 낡은 집이었거든요. 항상 바닷물에 목욕하던 나는 물을 만나기도 어려워 그만 건조증에 걸릴 지경이었지요. 해님을 못 보니 얼굴은 창백해졌고 매끄럽던 몸은 푸석하게 변해갔어요. 그러나 기회는 또 찾아 왔답니다. 따님이 결혼을 하게 되면서 새 집으로 이사를 했지 뭡니까? 제 자리는 햇볕이 잘 들고 바람도 지나가는 창밖에 딸린 베란다랍니다. 수도 시설이 돼 있어 마음 놓고 화분에 물을 줄 때마다 실컷 목욕도 할 수 있게 되었지요. 그래도 제 소망은 푸른 바닷가, 그곳으로 향해 있습니다. 언제쯤 갈 수 있을까요.

세월이 아무리 많이 흘러도 잊히지 않고 더욱 그리워지는 게 고향인가 봅니다. 바깥 세상에 호기심 많던 나는, 어느 해 여름 훌쩍 떠나온 그 바닷가를 향해 갈매기의 큰 날개를 펴고 끼득끼득 날아가는 꿈을 꿉니다.

내 마음의 산

"이 산은 산이 아니외다. 어머니외다."

가을 산을 찾아 모악산에 갔을 때, 등산로 초입의 시비에 새겨져 있던 시의 한 구절이다. 조건 없이 베풀기만 하는 산의 후덕함을 어머니에 비유한 시인의 마음을 읽는다. 세상에서 가장 거룩한 이름, 어머니라는 단어가 숙연한 마음으로 옷깃을 여미게 한다. 영혼의 심연에서 길어 올린 주옥같은 시어들이 차디찬 대리석의 표면에서 빠져 나와 훈훈한 입김으로 내 가슴에 와 서린다.

내 안에도 우람한 용태로 우뚝 서 있는 마음의 산이 하나 있다. 만고풍상 다 겪어 내면서도 꿋꿋하게 제자리 지켜온 큰 바위로 다가오는가 하면, 가뭇없이 달려와 덮치는 강풍에 스러져도, 휜 허리 곧추세우며 다시 일어서는 억새풀로 일렁이기도 한다. 봄볕 따스한 산허리에 아지랑이 피어오르면, 미풍에 하늘대는 새 풀잎처럼 여린 미소로 다가오는 얼굴 하나 거기 있다.

내 마음의 산 깊은 골짜기엔 늘 '관용하라, 사랑하라, 용기 있어라.' 하고 외치는 메아리가 산다. 이렇듯 사는 이치를 일깨워 주려고 어머니의 마음은 끝까지 동행하는 걸까?

대자연의 시곗바늘은 우주 천체의 운행 궤도를 돌며 정확하게 계절을 실어오고 실어간다. 태양과 구름과 바람이 하나로 녹아 들어가 있는 산의 풍모에서 우린 계절 감각을 가장 먼저 읽는다. 자연의 질서 따라 산뜻하게 계절 옷 갈아입기에 바쁜 산, 벌써 가을 옷으로 단장하기 시작한 황혼의 가을 산을 보며 문득 어머니의 일생을 떠올린다.

막 물 오른 나뭇가지에 파릇파릇 새 잎이 세상구경 나올 무렵, 연분홍 꽃봉오리 벙그는 봄 산은 어머니의 수줍은 새댁 시절이리라.

작열하는 태양을 머리에 이고 온몸으로 땅속의 수분을 빨아올려 왕성하게 동화작용을 하는 신록의 여름 산은 어머니의 중년시절이 아닐까? 자신은 제쳐놓은 채 자식들 뒷바라지에 정신없이 일만 하시던 고된 세월, 그러나 무럭무럭 자라나는 꿈나무들 보며 흡족한 미소 지으셨으리.

알맞게 따스운 햇살 머금고 여물 대로 여문 열매들이 임자의 손길을 기다릴 때, 제 할일 다 끝낸 잎들을 떨어내며 자신을 비워 가는 가을산은 어머니의 황혼기가 아닐까 싶다. 자식들 다 키워 제 갈 길로 보내고 진기가 다 빠져나간 앙상한 육신으로 당신의 마지막 계절을 준비하고 계셨으리라.

단풍처럼 곱고 화려한 말년은 아니라도 남들처럼 늘그막에 누릴 수 있는 평범한 노락老樂과 휴식, 그 소소한 바람들을 놓지 않으셨어야 했는데…. 장성한 자식들 효도 받으며 덧없이 흘러간 젊은 날의 고생담을, 소설처럼 들려 주시리라 믿었는데, 어머니의 가을은 춥고 외로운 병마와의 동행으로 끝이 나고 말았다. 앞당겨 찾아온 겨울은 차라리 포근한 휴식의 계절이 아니었을까? 더디 내리는 겨울햇살을 그리워하며 흰 눈 더미 이불 삼아, 긴긴 겨울잠에 빠져 계실 어머니를 생각한다.

머지않아 속살 드러낸 빈산에 하얀 겨울이 찾아오면, 침묵의 나래 넓게 펼쳐 순백의 영혼을 잠재우는 포근한 안식처로 탈바꿈하리라.

곧은 나무 굽은 나무 구별하지 않고 미물에서부터 사람에 이르기까지 품안에 들어오는 모두를 포용하는 산의 미덕은 깊고 아늑하다. 잘난 자식 못난 자식 분별하지 않고 큰사랑으로 품어주시는 어머니의 마음을 닮아서일까? 내가 우람한 태산을 대할 때마다 깊고 아늑한 모정을 느끼는 것은.

살아가면서 굽이굽이 넘어야 할 크고 작은 산들. 힘들 땐 어기영차 넘겨주시고 곧은 길 찾아 발길 잡아주시는 내 마음의 산, 어머니! 언제라도 달려가 안길 수 있는 너른 가슴의 수목원이요, 닫힌 가슴 활짝 열고 심호흡 크게 해도 좋을 허공 같은 존재시다.

우주공간의 충만한 공기를 느끼지 못하듯 끝 간 데 없고 모서리도 없는 어머니의 마음자리를 우리는 헤아리지 못하고 산다.

언젠가 혼례식장에서 들었던 주례사 한 토막이 생각난다. 천상의 옥황상제께서 세 선녀를 불러 이르기를, “지금부터 세상에 내려가 가장 아름다운 것 하나씩 구해오도록 하여라.” 하셨단다. 한 선녀는 예쁘고 향기로운 꽃을, 또 한 선녀는 잠자는 아가의 얼굴을, 나머지 선녀는 어머니의 마음을 가지고 가서 옥황상제 앞에 내놓았다.

꽃은 생명이 짧아 가는 동안 다 시들어버렸고 아가의 얼굴 또한 세월을 거스를 수 없기에 안타깝게도 늙어버렸다. 그러나 어머니의 마음은 그대로였다. 영원토록 변함없는 어머니 사랑이야말로 세상에서 가장 아름다운 보배라는, 큰 가르침의 덕담이었던 것으로 기억된다.

태초의 모습 그대로 세월의 무게를 지켜온 충직한 자연의 얼굴, 산! 사랑과 관용의 너른 가슴을 누구에게나 내어주는 산자락은 어머니의 치마폭 같다. 감빛으로 곱게 익어 가는 모악산 품속에서 영원한 사랑의 파장으로 존재하는 내 마음의 산, 어머니를 생각한다. 비단을 펼쳐놓은 듯 빛고운 가을하늘 저 멀리 그리움의 사다리를 걸어 본다.

대지의 자궁, 우포

하계수필대학세미나에 참석하기 위해 이른 아침 집을 나섰다. 약속된 시외버스터미널에서 일행과 만나 마산행 버스에 올랐다. 시원하게 뚫린 고속도로를 달려 예상보다 조금 빠른 시각에 도착할 수 있었다. 수필과 비평작가회의 회장님께서 우리 일행을 마중해 주셨다. 편승한 대절버스에는 먼저 도착한 제주 회원들이 타고 있었다. 낯익은 회원과 처음 보는 회원이 섞여 있었지만 하나같이 반갑고 가깝게 느껴졌다. 회장님께서 마련한 푸짐한 해물탕으로 속을 든든히 채우고 세미나 장소인 부곡으로 향했다.

호텔 지하 2층에 마련된 회의장에는 전국에서 모인 이백삼십여 명 회원들로 대성황을 이루고 있었다. 접수를 마친 뒤 우선 배정된 숙소를 찾아 짐을 풀었다. 어딜 가나 입고 먹고 잠자는 세 가지 삶의 기본 문제는 그림자처럼 따라다닌다. 오늘 밤 나그네의 고단한 육신을 받아줄 아늑한

방이 조신하게 기다리고 있었다. 일단 휴식과 안정의 욕구는 해결한 셈이다. 호사스런 바깥 잠이 될 것 같다. 지구 한편에선 삶의 터전을 잃은 난민들의 도보 행렬이 구름처럼 떠돈다는데…. 세상일은 아무래도 공평하게 돌아가지 않는 게 원칙인 듯하다.

행사 시각에 맞춰 회의장으로 다시 내려와 원탁의자에 자리를 잡았다. 수필과비평작가회의 임시총회가 끝나고 각종 수상식이 이어졌다. 작가의 인생철학이 고스란히 녹아든 청잣빛 작품집들은, 큰상을 받은 오늘의 주인공들처럼 별이 되어 빛을 발하고 있었다. 수필에 대한 열정과 내일을 향한 힘찬 도전으로 등단의 꿈을 이루어낸 신인상 수상자들에게도 격려와 응원의 박수를 보냈다.

정목일 선생님의 문학 강연이 이어졌다. '글감 통찰과 수필쓰기'에 대해 알아듣기 쉽게 명쾌한 강의를 해 주셔서 많은 도움이 됐다. '문학 소재의 발견이나 글쓰기에 있어 시각, 청각, 후각, 미각, 촉각 등 5감 기능을 잘 이용하는 것이 중요하다. 특히 보는 것은 글을 쓰고 싶은 동기를 제공하고 새로운 세계를 경험하게 하는 중요한 정보기능을 한다. 또 보는 사람의 안목과 시각에 따라 보석처럼 빛나는 제재를 얻을 수도 있고, 그냥 스쳐버릴 수도 있다.'는 말씀에 절로 고개가 끄덕여졌다. 소재가 빈곤하다고 느꼈던 나 자신을 되돌아보았다. 겉만 보고 내부는 보지 않았거나 일부만 보고 전체를 보지 않았거나 시야 너머에 있는 영혼, 마음, 진실을 꿰뚫어 보는 안목이 없었던 게다.

머릿속에서 맴도는 수필의 진정한 멋과 맛이 가슴으로 내려와 숙성되기까지 얼마의 시간을 더 기다려야 할지, '갈수록 산'이라는 말이 내가 택한 길, 수필공부인 것 같다.

하룻밤 신세 진 숙소를 뒤로하고 둘째 날 일정인 문학기행에 나섰다.

우포늪 생태길 탐방, 생태학습관 관람 등 우포늪의 8경을 둘러보자면 대충 두세 시간 이상이 걸린다고 했다. 가야의 유적, 고분군, 창녕박물관 등 그 밖의 일정을 소화하자면 우포늪에 할애된 시간은 충분하지 않았다. 게다가 버스가 길을 잘못 들어 귀한 시간을 낭비하는 바람에, 늪지에 머무르는 시간이 더 단축됐다. 대기하고 있던 해설사의 급한 발걸음을 따라 생태 춤 공연을 짧게 관람했다. 마음으로 교감하고 눈빛으로 대화하며 함께 생활해온, 우포늪의 동·식물을 몸으로 표현하는 특이한 율동이 감동으로 다가왔다. 사람보다 먼저 태어났으니 소나무를 선배로 존중한다고 했다. 우포늪을 지키고 있는 많은 생명체를 가족으로 여기는 관장님의 진심이 느껴졌다. 그들의 아픈 곳을 어루만져주고 이야기도 들어주고. 눈에 보이지 않는 사물의 속내와 영혼까지도 읽어내는 맑은 안목을 지녔다고나 할까. 최초로 생태춤을 개발한 관장님의 순수한 열정에 관람자 모두는 박수를 아끼지 않았다.

해설사의 총총걸음을 따라 생태관으로 이동했다. 수생식물을 대표하는 가시연꽃 사진이 생생한 미소로 우릴 맞아 주었다. 물풀의 왕이라 불리는 가시연꽃은 국내 식물 중 잎이 가장 크다고 한다. 마치 시골 마당을 덮고 있는 둥글고 큰 맷방석 같았다. 연잎에는 물론 그 위에 피워 올린 꽃받침과 꽃잎에도 가시가 돋아 있었다. 안으로 들어가니 제일 먼저 따오기의 표본이 눈에 들어왔다. 환경오염 때문에 멸종해가는 따오기를 백 마리쯤 복원하여 자연으로 돌려보내는 계획이 진행 중이라고 했다.

대충 생태관을 관람한 뒤 영상관으로 옮겨 늪지의 사계절을 아름다운 영상으로 감상했다. 물안개가 비단처럼 깔리는 늪지에서 환상적인 아침을 맞는다면 얼마나 좋을까? 희망 사항으로 걸어두고 다음 코스인 생태길 탐방에 나섰다. 우포늪의 생성 시기는 약 1억4천만 년 전이라는 설이 있다. 또 기원전 4천 년경 지구의 기온이 따뜻해지면서, 육지에 얼어 있던 빙하가 녹은 물로 지금의 한반도 해안선이 만들어질 때, 낙동강과 더불어 우포늪이 만들어졌다는 설도 있다. 태고의 신비를 간직한 우포늪은 국내 최대의 내륙습지로 천연기념물 제524호로 지정되어 있고 국제 람사르협약에도 등록되어 있다.

숲 탐방로를 따라 걷다 보면 물에 발을 담근 오래된 왕버들 군락지도 나온다 했다. 보고 싶었지만 갈 수는 없었다. 계획된 시간표대로 움직이는 인솔자의 뒤를 따라야 했다. 짧은 코스로 택해서 제1전망대까지 이어진 생태길에 들어섰다. 길 오른쪽으로 드넓은 습지가 펼쳐졌다. 4개 면에 걸쳐 분포돼 있다는 늪지의 방대한 규모에 놀랐다. 마치 녹색 융단이 하늘과 맞닿은 지평선까지 펼쳐진 듯 까마득했다. 물도 아닌 것이 땅도 아닌 것이 늪이라 했다. 늪지를 뒤덮은 초록 생명의 정체가 궁금했다. 해설사의 안내로 가까이 다가가서 살펴볼 수 있었다. 장관을 이룬 수생식물 늪지에는 마름, 자라풀, 생이가래, 개구리밥, 노랑어리연꽃 등 물 위에 떠서 사는 식물과 물 위에 잎을 내는 식물들이 빼곡히 들어차 있었다. 개구리밥은 개구리가 먹는 풀이 아니고, 개구리가 물속에서 위로 떠올라올 때 입가에 밥풀처럼 붙어 있다 해서 붙여진 이름이란다.

망망하게 펼쳐진 초록물풀 융단을 바라본다. 자연은 가장 훌륭한 신의 걸작이 아닐까? 나도 저 물풀처럼 사유의 늪에 흠씬 빠져 보고 싶다. 1억 4천만 년이라는 천문학적 시간을 거슬러 고고한 역사를 간직해 온 저 늪지의 생명체가 더없이 위대해 보인다. 하늘도 안 보이는 저 융단 속 작은 생명은 어떤 몸짓으로 또 무슨 대화를 나누며 오순도순 살고 있을까. 오는 것과 가는 것에 연연하지 않고 펄을 흐르는 물길처럼 채우고 비우기를 거듭해 왔으리라. 물이 흐르다 고이는 순환의 과정을 끊임없이 반복해온 우포의 습지는 생태의 시원이 아닐까 싶다. 다양한 생명체를 품어 보호하는 자궁 속 양수 같다는 생각이 든다. 각종 미네랄과 무기질 등 영양분을 공급하는 펄은 생명의 곳간 태반이 아닐까?

이 도도한 자연의 숨결 속에 우리도 한 점 자연의 일부분으로 존재한다. '환경을 만드는 것은 자연이고 환경을 파괴하는 것은 사람이다.'라는 구호가 양심을 찌른다. 자연의 본성은 그 모습 그대로를 지키고 사랑하는 것 아닐까. 물은 물대로 산은 산대로…. 욕심을 부려 싸우거나 파괴하거나 내세우지도 않는다. 모든 생명체와 공존의 법칙을 지키며 분별하지 않고 모두를 품는다. 사람은 자연과 공존하기보다는 정복하려든다. 갈수록 취약해지는 천연의 생태환경을 지키고 보존하는 일은 하늘이 내려준 준엄한 사명이고 책임이리라. 우리가 후대에 물려주어야 할 자연유산을 지키기 위해, 지금 우리는 무엇을 해야 할 것인가? 우포늪은 그 답을 알고 있으리라.

아침고요 산책길

“엄마 생일 선물로 1박 2일 정도의 국내여행이 어떨까?” 속내를 읽어내기라도 한 듯, 여행이 좋겠다며 막내가 제안을 했다. 미리 인터넷으로 가볼만 한 곳을 점찍어 둔 듯, 엄마가 좋아할 여행지가 있다고 했다.

‘아침고요 수목원’, 그 이름에서 풍겨 나오는 신선한 이미지가 오감을 자극한 탓일까? 마음은 지레 그곳으로 달려가 아침향기 가득한 안개 속을 헤엄치고 있었다.

축령산 기슭의 아침고요 수목원에 도착한 것은 다음날 아침이었다. 숲 속의 작은 통나무집에서 여행 첫날밤을 오붓하게 딸과 함께 보내고, 아침 일찍 서둘러 수목원으로 이동했다.

더디 내리는 겨울 햇살이 지상에 도착하기까진 아직 이른 시간, 희부연 안개로 뒤덮인 산책길에 고요만이 흐르고 있었다.

얼굴에 와 닿는 아침공기의 촉감이 차게 느껴졌지만 발걸음은 가볍고 기분은 상쾌했다. 수목원 전체가 아름다운 정원으로 조성되어 있었고 정원마다 특색을 살린 제각각의 이름표가 붙어 있었다.

자연의 여러 모습들을 한 자락씩 떼어다 오밀조밀 재구성해 놓은 자연의 축소판 같다고나 할까, 한국적인 정취와 자연의 아름다움을 그대로 담아내고 싶었다는, 수목원 조성자의 의지와 땀방울이 들풀 하나, 돌멩이 하나에서도 느껴졌다.

상록수의 꿈을 안고 농촌으로 들어가 정직한 농부로 살고자 했던 청년이 있었다. 자연을 사랑했던 그 청년의 꿈과 이상이 후일 모 대학 원예학과 나무 심는 교수로 성장했고, 드디어 이 거대한 수목원의 정원사로 그 인생의 꽃을 활짝 피우게 되었다 한다.

'아침고요 수목원', 숲과 아침과 고요가 잘 어우러진 동양적인 운치가 있으면서도 세련된 이름이다. 해 뜨는 아침의 나라, 조선朝鮮을 의역한 말이라고도 하니 더욱 의미가 깊은 것 같다.

거대한 정원에는 소나무, 잣나무 등 키 크고 우람한 거목에서부터 땅바닥에 납작 엎드린 작은 야생초까지, 수많은 자연의 생명체들이 유기적으로 한데 어우러져 숲 속의 평화와 질서를 지키고 있다. 나고 죽고 성하고 쇠하는 우주의 이치에 순응하며 자연은 묵묵히 사명을 다한다. 각기 개성이 다르고 모양새 또한 다르지만 서로 도움을 주고받으며, 오순도순 살아가는 그들에게서 사람들은 겸손의 미덕을 배운다.

세속의 먼지는 범접할 수 없는 청정지역 아침고요를 산책한다. 맑은 산소를 실컷 마시며 마음속 불순물들을 토해내니 몸과 마음이 날아갈 듯 가볍다. 신선이 따로 없다. 녹색 숲의 맑은 호수에 씻어낸 투명한 눈으로 삶의 탁류 속에 두고 온 또 하나의 나를 내려다본다.

아무도 눈길 주지 않는 발아래 작은 풀꽃일 수도 있는 나, 고운 빛깔이나 예쁜 모양새의 꽃도 아니고 감미로운 향기를 지니지도 못했다. 그러나 하찮은 작은 생명일지라도 자연은 분별하지 않고 모두를 품어 안는다. 세상에 존재하는 모든 생명은 하나에서 시작되었으며 하나로 연결되어 있다는 옛 성인들의 깨달음을 조금씩 배워간다.

비바람 속에서도 가녀린 꽃대를 뽑아 올려 크고 탐스러운 생명의 꽃을 피워내는 자생식물을 본다. 그런 의지로 삶에 도전 해본 적 얼마나 있을까, 당당한 자연의 모습 앞에 나약한 자신을 들켜 버린 것 같아 부끄럽기만 하다.

맨살을 전부 드러내 놓고도 당당하고 자유롭게 바람을 만나고 있는 겨울나무를 본다. 인고의 계절을 감내하며 묵상하는 자세로 서서 봄을 꿈꾸고 있는 것일까.

수많은 가지들은 각자의 위치에서 중심 기둥인 주간을 축으로 거의 사선으로 뻗어있다. 다른 가지에 영향을 주지 않고 태양 에너지를 골고루 많이 끌어들이기 위한 그들만의 생존전략이리라.

우리가 무심히 감상하는 나무들도 저마다의 이름이 있듯이, 나뭇가지에도 종류별로 그 이름이 있다는 걸 처음 알았다. 나무의 몸통 즉 중심기둥은 주간主幹, 옆으로 뻗은 다음으로 굵은 가지는 주지主枝, 그리고 잘못 자란 전정 대상의 가지들은 7종류나 된다고 한다.

수직으로 꼿꼿하게 자란 직립지, 갑자기 웃자란 도장지, 별나게 안쪽으로 뻗은 내향지, 아래로 자란 하향지, 바퀴살 모양의 대생지, 다른 가지와 나란히 가는 평행지 등, 이런 가지들은 자신의 생장은 물론 다른 가지에도 피해를 주게 되어 가차 없이 잘라줘야 한다고,

가지런히 정돈된 나뭇가지들을 보며 어떻게 살아야 할지를 생각한다. 내가 태양을 바라보며 감동할 때 이미 내 뒤에는 그늘이 던져지고 있다. 가까이 또는 멀리 있는 타인에게, 혹은 내 가족 내 형제에게 모르는 사이 빛을 가리는 어둠이 되어준 적 없었는지 돌아보게 된다. 중심기둥인 내 부모님께 수분과 햇빛과 영양분을 충분히 날라다주는 나뭇잎이나 가지의 역할 또한 제대로 한 걸까? 부실한 자식이었음을 참회한다.

성숙한 등반객은 마음의 눈을 크게 열어 주위 경관도 살피고 나무와 숲과 이야기도 나누며 산에 대한 예의를 지킨다. 인생행로의 준령을 넘을 때에도 더불어 사는 삶이 그 고달픔을 덜어줄 수 있으리라. 자신의 생존에만 급급하여 앞만 보고 달리는 졸부의 삶은 아니었을까? 어쩜 저 숲 속 쓸모없는 전정 대상의 나뭇가지처럼….

아침고요 산책길을 뒤로하고 아쉬운 발길을 돌리며 잠시 생각에 잠긴다. 이름처럼 그곳에는 사계절 내내 평화로움과 고요만이 지속되고 있을

까? 자연 속의 나무와 숲과 바위는 깊이 침묵하고 있는 것 같지만 늘 고요할 수만은 없으리라. 한여름 밤 불시에 몰아닥친 태풍으로 뿌리째 스러지는 아픔도 겪어야 하고, 잎 지는 가을엔 별리의 슬픔이, 한겨울 폭설엔 가지를 찢기는 고통도 참아내야 하리라. 이렇게 계절의 변화가 소리 없이 조용히 이루어지는 것 같지만, 때로는 또 다른 자연의 위력 앞에 숨죽이며 살아남기 위해 격돌해야 하는 고난의 시간들도 있으리라.

꽃이 피고 지듯 인생의 정원에도 희로애락이 점철되고, 오르막 끝에는 내리막이 기다리기 마련이다. 먹구름 뒤에는 햇살이 더욱 눈부시듯 수목원 생명체들의 살아가는 모습도 우리와 다르지 않을 거라는 생각이 든다. 그런 시련 속에서도 자연의 숨결은 신비로운 생명의 리듬을 계속 연주하며 함께 사는 지혜를 가르치고 있다. 스스로 깨달은 이치를 세상에 내려가 실천하라 이르는 듯, 한 점 바람이 귓전을 때린다.

이렇게 자신이 머물던 자리에서 멀리 떨어져 나와 자신의 위치를 재조망하고 인생의 의미를 되새겨보는 기회로 삼는다는 것, 이것이 여행을 통해 얻을 수 있는 산교육의 매력이 아닐는지.

무릉도원

배꼽친구 열댓 명으로 구성된 모임이 있다. 졸업한 지 50여 년이 흘렀으니 모두가 할머니 할아버지 훈장을 이마에 달고 다니는 나이가 되었다. 작년 다르고 올 다르다는 건강나이 생각해서 한 해라도 빨리 외국여행 한번 다녀오자는 쪽으로 의견이 모아졌다. 비행 거리도 가깝고 경비도 부담이 적은 중국으로 결정이 났다. 맨발처럼 편안한 사이, 벌거숭이 옛 친구들과의 동행이니 이보다 더 즐겁고 신나는 여행이 또 있을까. 세월의 골이 깊어진 빗살무늬 얼굴 위에, 소년 소녀 적 순수한 웃음이 가득가득 고일 것을 생각하니 벌써부터 설레었다.

한 달 전부터 들뜬 마음으로 달력 속 숫자들을 하나씩 지워 나갔다. 여행사에서 보내온 준비물 쪽지도 잘 보이는 벽에 붙여놓고, 꼼꼼하게 체크해 가면서 필요한 품목들을 챙겼다. 이번 여행의 든든한 후원자이기도 한 막내딸이 골라준 진홍빛 가방에 주섬주섬 내 마음도 담는다. 행복이란 놈이 슬며시 끼어든 탓일까. 여행 가방이 알찬 만두처럼 빵빵하게 부풀어 올랐다. 여행을 준비하며 지레 맛볼 수 있는 짜릿한 행복감, 우리네 인생여정에도 이런 신선한 즐거움이 자주 끼어들었으면 좋으련만….

마지막 준비물을 체크하던 중 나에겐 불편한 동행자, 약봉지에 눈길이 갔다. 건강인이라면 몇 가지 비상약품만 준비하면 되겠지만 나는 상용중인 치료약도 함께 챙겨야 하니 마음이 여간 쓰이는 게 아녔다. 만약을 대비한 마음의 준비도 필요했다.

"엄마, 비행기 여행 가능한지 주치의에게 한번 여쭈어 봐야 되지 않을까?"

막내의 염려 섞인 조언이 귓가에 맴돌며 은근히 걱정이 되었다. '먼 이국땅에서 갑자기 몸에 이상이라도 생기면 어쩌지?' 기우일 뿐이라고 일축해 버리자 하다가도 쉽게 떨쳐버릴 수 없는 불안감이 한구석에 남았다. 급성 심근경색으로 관상동맥 조영시술을 받은 지 얼마 안 되었고, 재발 위험이 있으니 철저한 관리가 요구된다는 진단서의 엄중한 문구가 떠올랐기 때문이기도 하다.

고대하던 4박 5일 일정의 첫날이다. 출발시간이 이른 새벽이라 대전 친구네서 전날 밤을 뜬눈으로 지새우고, 인천공항으로 향하는 여행사 대절 버스에 올랐다. 낯선 땅에 대한 두려움과 기대와 긴장이 뒤섞인 전야를, 얕은 잠으로 뒤척이다 나왔다는 친구들 얼굴엔 그래도 희색이 만면하다. 멀리 어슴푸레 지평선이 열리고 여명이 번져올 즈음 인천 국제공항에 도착했다. 두어 시간이나 걸리는 출국절차를 마치고 드디어 탑승안내 방송이 흘러 나왔다. 잠시 후 비행기는 거대한 몸집을 사뿐히 들어 올려 한 마리 잠자리처럼 허공을 헤엄쳐 나갔다. 우리 땅을 떠나 잠시 낯선 곳으로 공간이동을 한다 생각하니 두렵기도 했다, 눈인사라도 나누어야 할 것 같아 아래를 보니 어디가 어딘지 가물가물했다. 조그만 창으로 볼 수 있는 건 하얀 구름바다뿐이었다. 내가 발붙이고 사는 지구 전체의 모습을 볼 수 있는 거리는 얼마일까? 높이 더 높이 우주 정거장까지 오르면 둥글고 예쁜 초록별, 지구의 얼굴을 볼 수 있을까?

오전 9시경 출발한 비행기는 3시간 30여 분 만에 중국 장사공항에 도착했다. 조선족 3세라는 현지 가이드의 안내에 따라 4박 5일의 빡빡한 일정이 일사천리로 진행됐다.

중국 호남성 서북부에 위치한 장가계시의 국가삼림공원 일대를 둘러보는 데에만도 4~5일이 족히 걸린다고 했다. 러시아와 캐나다에 이어 세 번째로 큰 땅덩어리 중국, 인구와 영토의 규모도 대단하지만 산세가 웅장하고 골짜기도 깊어 원시 자연림이 무성하고 자연 생태계가 잘 보존되어 있었다. 아슬아슬한 공포를 느끼며 고공의 케이블카에서 내려다본 산봉우리와 협곡의 아름다움은 보는 이들로 하여금 탄성을 연발하게 했다. 케이블카를 두 번이나 갈아타고 산봉우리에 오르니 하늘을 향해 문이 열려 있다는 천문산의 위용이 눈앞에 펼쳐졌다. 웅장한 바위산의 심장부가 뻥 뚫린 형상이다. 비행기 3대가 나란히 통과한 기록을 보유하고 있다니 그 구멍의 규모를 가히 짐작할 수 있었다.

무릉원을 이루고 있는 장가계 일대의 삼림공원에는 삼천여 개의 기봉이 숲을 이룬 듯 솟아 있다. 장엄한 천연동굴과 비취를 연상케 하는 맑은 물빛의 호수, 그리고 옥수 같은 계곡물이 그대로 한 폭의 산수화다. 이곳은 3억 8천만 년 전 망망한 바다였으나 지구의 지각운동으로 해저가 육지로 솟아오르면서 오늘과 같은 자연 절경이 이루어 졌다고 한다.

혼을 잃을 만큼 아름다워 '미혼대'라 부른다는 전망대에 오르니, 운무에 싸인 석봉들의 모습이 마치 꽃밭에 노니는 선녀의 화신 같다. 자르르 흐르는 비단을 허리에 감고 승천하는 모습이라고나 할까, 과연 넋을 잃을 만한 절경이다. 하늘에서 학이 내려와 노닐던 자리일까, 태곳적 신선들이 세월을 멈추게 했던 자리일까. 친한 벗들과 원시의 숨결이 느껴지는 대자연의 품에서 무아지경을 체험했으니 예서 더 신선이 부러우랴.

사람의 발길이 잘 닿지 않는 이곳은 1992년 세계자연유산으로 지정될 만큼 빼어난 경관과 자연 생태계가 잘 보존되어 있다고 한다. 선대로부터 물려받은 소중한 자연, 조금도 훼손됨 없이 그대로 후손들에게 물려줄 수 있을까 짐짓 걱정이 앞선다.

이곳을 다녀간 많은 사람들은 아름답고 기이한 산세에 넋을 잃으며 이 때문에 수많은 학자와 전문가들은 무릉원을 '대자연의 미궁' 또는 '지구 기념물'이라 부른다고 한다.

무릉도원의 비경에 빠져 주위도 잊은 채 눈이 호강하고 있는 동안 다른 한쪽에선 힘겨운 삶의 전쟁이 벌어지고 있음을 목격할 수 있었다. 벌떼처럼 사람이 모이는 곳마다 열 살도 안 돼 보이는 어린이들이 물건을 들고 목청껏 호객을 한다. 고사리 손으로 구걸을 한다. 지구상에 존재하는 무릉도원은 어디일까, 헐벗고 굶주린 그들에게 이 빼어난 풍광이 무슨 소용이겠는가. 이 땅에 전쟁과 갈등, 그리고 양극화로 인한 빈곤이 사라지고 인류평화가 건설되는 날, 우리 모두의 무릉도원은 지구전체에 골고루 펼쳐지지 않을까, 요원한 꿈속의 이상향을 잠시 그려본다.

긴긴 세월 만고풍상 겪어내며 늠름한 모습으로 지구를 지켜온, 자연의 숭고한 혼을 만나고 온 느낌이다. 어떤 인연 있어 내 작은 발자국 하나 그곳에 화석으로 남길 수 있었을까. 더없이 아름다운 지구의 한 면모를 기억에 담고 아쉬운 발길을 돌려야 했다. 이 아름다운 지구를 만든 것은 창조주이겠지만 지구를 지키고 보존하는 일은 사람의 몫이 아닐까? 뭇 사람들에 의해 오염되지 않고 오래오래 지구기념물로 남길 마음속으로 기도해 본다.

개심사의 봄날

봄 햇살 등에 업고 활짝 기지개 펴는 봄꽃들이 반갑다.

개나리, 진달래, 목련, 벚꽃 등 성미 급한 봄꽃들은 든든하게 받쳐 줄 잎이 나오기도 전 여린 꽃잎부터 피워 올린다.

연분홍 꼬마등인 양 거리를 환하게 밝히는 도심 속 가로수 벚꽃은 피는 듯 져 버리는 단명한 꽃이다. 그래서 더 사랑받는 봄꽃이 아닐까 싶다. 때를 놓칠세라 벚꽃 명소를 찾아 몰려든 사람과 차들로 꽃 마중길이 호된 고생길이지만, 경이로운 자연의 생명력 앞에 서는 순간 보상은 충분하다. 봄나들이 장소는 발길 닿는 곳 그 어디라도 좋다, 막 깨어난 푸른 산야가 넓은 가슴을 내어주며 새 생명과의 만남을 주선해주고 있기 때문이다.

차창 밖 스쳐지나가는 풍광에 마음을 빼앗긴 채, 집 떠난 해방감에 혼곤히 젖어본다. 겹겹이 들어선 산봉우리 아래로 흐르듯 부드럽게 펼쳐진 능선이며, 연초록 진초록이 조화를 이룬 봄 산의 옷 색깔이 한 폭의 수채화다. 군데군데 뭉게구름처럼 피어 있는 산벚꽃 무리가 한참씩 눈길을 붙잡기도 한다.

문우들과 함께 나선 오늘의 문학기행지는 서산 상왕산에 있는 개심사와 그 일대의 문화유적지다. 꼭 한번 와보고 싶었던 고찰 개심사開心寺! 마음의 문을 열어야 모두와 통한다는 의미가 아닐는지 나름의 해석을 해본다. 우거진 소나무 숲길을 따라 돌계단을 한참 오르니 옛 정취가 묻어나는 아담한 사찰이 한눈에 들어온다. 잠시 멈춰 서서 호흡을 고른 뒤 정갈한 기운이 감도는 절 마당으로 들어선다. 천년고찰의 연륜이 말해주듯 듬직한 자태로 가람을 지켜온 왕벚나무들이 너른 품으로 우릴 반긴다. 여기저기서 탄성이 터져 나오고 소담스러운 왕벚꽃을 눈에 담느라 여념이 없다. 사찰 마당이 온통 꽃 대궐이다.

해마다 벚꽃 철이 되면 그 황홀한 유혹에 흠뻑 빠져보리라 꿈을 꾸지만 어영부영하는 사이 잔치는 끝나버린다. 눈에 담을 새도 없이 금세 꽃비가 되어 하르르 내린다. 놓쳐버린 꿈을 아쉬워하며 다음 해를 기약할 수밖에 없다. 하지만 연이어 우리의 눈을 즐겁게 하는 왕벚나무 꽃을 만날 수 있으니 얼마나 고마운 일인지. 청정도량 개심사에서 만끽하는 꽃 잔치에 눈과 마음 모두 풍년이다. 봄의 길목에서 날렵하게 먼저 달려와 눈길을 끄는 벚꽃도 아름답지만, 순서를 지켜 먼저 잎을 틔운 뒤 아기 주먹만 한 겹꽃잎을 달고 나타난 왕벚꽃은 덕성스러운 여인을 닮은 듯 표정이 넉넉하다.

발길을 돌려 몇 계단 아래로 내려서니 특유의 네모난 인공연못이 자리하고 있다. 턱진 아래 마당에 못을 조성한 데에는 어떤 사유가 있을 법도 하다. 생활수를 아래로 흘려 가두고 재활용할 수 있으니 환경을 생각한 물 절약의 한 방편이 될 수도 있겠다. 허드렛물도 서슴없이 받아들여 맑히는 포용의 뜻이 숨어 있는 건 아닐까? 한번 사용한 물도 허투루 버리는 일 없이 정화의 과정을 거쳐 다른 생명체들에게 보시하는 자연친화적 발상일 수도 있겠다. 녹색 그늘이 드리워진 연못에는 많은 생명체가 공생의 도를 지키며 평화롭게 살고 있으리라. 연못을 가로지르는 외나무다리에 올라본다. 속세와 불가를 이어주는 인연의 가교일까? 무명세계를 벗어나지 못한 중생이 가히 범접해도 되는 건지 옷깃을 여미게 한다. 자신의 모습을 물에 비춰보며 세상 먼지 씻어내고 오라는 귀띔인 듯, 외나무다리 위로 서늘한 바람 한 점 나를 일깨우고 지나간다.

다시 발길을 옮겨 향내 그득한 대웅전을 둘러보고 명부전으로 향한다. 명부전 앞뜰에는 발길을 멈춘 이들이 무리 지어 신기한 듯 나무를 올려다보며 사진을 찍고 있다. 말로만 듣던 청벚꽃이다. 뜻밖에 횡재라도 한 듯 가슴이 설렌다. 어쩜 이리도 청초한 색깔의 꽃잎을 피워 냈을까. 요염한 자태로 고운 빛깔 뽐내며 잎도 피기 전, 뭇 눈길을 끄는 성미 급한 봄꽃과는 다르다. 잎사귀를 닮은 연녹색의 아련한 빛깔로 꽃잎 가장자리를 살짝 물들여 놓았다. 맑은 바람 냄새가 풍겨 나올 것 같은 신선한 얼굴이다. 청모시에 옥비녀로 단장하고 규방을 지키는 청상의 여인을 닮은 꽃이라고나 할까, 결코 화려한 색상의 치장이 허용되지 않는 비운의 여인상이 떠올려지는 건 어인 일일까. 꽃물 아롱지는 이 화사한 봄날, 화색 없는 창백한 얼굴로 녹색 그늘만을 지켜야 하는 운명이 닮아서 일지도 모르겠다.

청벚꽃은 희귀종으로 이 지역에선 유일하게 이곳 개심사에서만 볼 수 있는 꽃이라 한다. 좀 더 머물며 실컷 눈 맞추고 싶지만, 다음 일정이 기다리고 있어 아쉬운 발길을 옮겨야 했다.

절 뒤편 언덕진 곳에 특이한 건축물이 눈에 띈다. 못생긴 나무기둥이 네 귀퉁이를 받치고 있는 종각이다. 긴긴 세월 만고풍상 속에서 굽은 등걸이 된 원목을 그대로 옮겨 종각을 지었다. 언뜻 보기엔 시각적으로 불안정감이 느껴지긴 하지만, 오랜 세월 종각의 지붕을 이고 자연에서 온 제 모습 그대로 자리를 지켜왔다는 사실이 대견스럽다. 미끈한 거목으로 만들어진 반듯한 기둥에 비해 초라하고 볼품은 없지만 어찌 겉모양만으로 가치를 매길 수 있으랴. 등 굽은 소나무가 끝까지 산소를 지키고 모자란 자식이 효도한다는 옛말이 있듯이, 못생긴 나무기둥은 땅속 깊이 발을 뻗어 힘을 모으고 흔들리지 않는 중심의 각을 세웠을 것이다. 풍경에 매달린 녹슨 세월만큼, 소아마비처럼 굽은 다리로 거센 비바람을 이겨낼 수 있었던 힘은 어디에서 온 걸까? 세상을 깨우는 맑은 종소리와 운명을 함께하고자 뜻을 세우고 온몸을 바쳐 종각을 지켜 왔으리라.

장애인 올림픽 경기 장면을 시청한 일이 있다. 금메달을 목에 걸고 감격의 눈물을 흘리는 가슴 찡한 장면들이 잊히지 않는다. 성한 사람보다 몇 곱절의 피나는 노력과 고통이 뒤따랐을 것이다. 그럼에도 삶의 열정과 꿈을 향한 도전이 있었기에 값진 인간 승리를 이끌어 낸 것이다. 강인한 정신력이 모든 장애를 넘어설 수 있다는 교훈을 주듯이 그저 겉모양만으로 세상 잣대를 들이대는 편견과 어리석음은 범하지 말 일이다.

개심사에서 보낸 봄날이 두고두고 긴 여운으로 남을 것 같다. 내 인생의 그루터기에도 이런 봄날이 몇 번이나 머물다 저물어 갔을까.

이 고찰의 특색이라 할 수 있는 외나무다리와 못생긴 종각의 기둥, 그리고 내 마음을 빼앗아간 청벚꽃! 언제쯤 다시 돌아와 이들과 만날 수 있을까. 아쉬운 마음으로 솔 숲길 따라 내려오는 길, 어느덧 서산으로 해는 기울고 산 그림자는 서서히 개심사의 봄날을 거두어 가고 있다.

2부
자연에서 배우는 것들

한 알의 쌀 속에

청량한 아침공기 듬뿍 섞어 쌀을 씻는다.

'쌀강쌀강, 싸르락 싸르락.' 작은 알몸들을 서로 비벼대며 간지럽다고 하얗게 웃는다. 손가락 사이로 넘쳐나는 투명한 쌀알들이 반짝이는 보석 같다. 아니 보석보다 귀한 생명의 숨결이 나의 육감을 자극하고 있다.

맑은 물에 목욕재계하고 신성한 임무를 기다리는 동안 반투명의 몸 빛깔은 어느새 순백색으로 변해간다. 부드럽고 말랑한 밥으로 변신하기 위한 수순일 게다.

작은 볍씨 하나가 땅을 비집고 나와 알찬 곡식으로 이 자리에 오기까지 얼마나 많은 외풍에 부대끼며 스스로 단단해지려고 애를 썼을까. 그러나 이젠 그 강직함도 다 내려놓으려 한다. 물과 불과 조화롭게 잘 어우러져 낱낱이 따로 존재하던 본연의 모습과는 영 다른, 연질의 응집된 형태로 변모해 갈 것이다. 촉촉하고 구수하고 매일 먹어도 질리지 않는 친근한 맛, 자연에서 퍼온 맑은 기운을 목으로 넘기며 오늘 하루도 힘차게 시작할 가족들을 떠올린다.

쌀과 밥! 생명줄처럼 소중하지만 늘 곁에 있어서, 공깃돌처럼 흔해서 우린 감사함을 잊고 산다. 최소한 우린 그들 앞에 겸손해야 하리라. 그들이 던져주는 교훈에 귀 기울여야 하리라. 쌀이 밥이 되듯 단단한 껍질 속에 옹이진 자신의 관념이나 아집을 놓아버리고, 타인을 배려하는 여유와 부드러움으로 둥글둥글 살아간다면 세상이 조금은 더 조화로워지지 않을까.

오늘 하루도 사랑하는 가족들에게 정기精氣를 불어 넣어줄 소중한 쌀! 한자의 쌀 미米와 푸를 청靑이 만나 힘의 상징인 정精이 되었다고 한다. 땅에서 얻어지는 쌀의 푸르고 맑은 기운이 우리에게 삶의 에너지로 제공되는 것은 자연의 은혜로움이 아닐까? 이 고마운 쌀과의 인연은 태어나면서부터 이 세상을 하직할 때까지 이어지는 친숙하고도 오랜 관계가 아닐까 싶다. 갓 태어난 아기에게 물리는 엄마의 젖, 첫국밥으로 먹은 하얀 쌀밥과 미역국의 산물이 아니던가. 어릴 적 어머니가 동생을 낳으신 날 안방 윗목에는 정갈한 볏짚이 깔리고, 아기를 점지해 주신 삼신할머니께 예를 올리는 밥상이 차려졌다. 하얀 사기주발에 봉곳하게 담은 쌀밥을 정성껏 올리고 비손하던 모습이 떠오른다. 중생을 구제하는 공덕을 쌓기 위해 부처님께 올리는 예물 중에도 공양미가 빠지지 않는다. 그만큼 우리 선조들의 생활 속에는 쌀을 신성시 하고 생명을 귀히 여기는 민족정서가 녹아 있었던 게 아닐까 싶다.

사람이 이승의 짐을 벗고 저승으로 돌아갈 때 '밥숟갈 놓았다'라는 표현을 쓰기도 한다. 인명이 다할 때까지 늘 우리 곁을 지켜야 하는 쌀의 존재가치가 새삼 중하게 여겨진다. 어머니가 운명하기 직전, 아버지는 얼른 미음을 준비하라 이르셨다. 급한 나머지 쌀밥을 푹푹 끓여 만든 멀건 밥물을 떨리는 손으로 몇 숟갈 떠 넣어드렸던 기억이 난다. 마지막 넘기는 곡기였다. 이렇게 우리네 삶의 시작과 끝에서 운명을 같이하며 생명을 지켜온 쌀! 그는 곧 우리네 생의 든든한 동반자가 아닐까 싶다.

태양이 얼굴을 드러내기 전 한발 먼저 달려온 이른 아침, 어디쯤에서 왔을까? 맑은 바람 한줄기 기척 없이 다가와 쌀 씻는 나의 손등을 간질인다. 어쩜 이 쌀 알갱이들이 넓은 들에 살았을 때 만난 적이 있었을 수도 있겠다. 햇살 따사로운 봄날, 깔끔하게 모내기를 끝낸 논두렁에선 살랑살랑 미풍으로, 땡볕에 숨이 막혀 헉헉댈 땐 시원한 소나기 바람으로, 살이 통통 여물기 시작하는 가을들판에서는 선들바람으로 이 쌀과 만났을지도 모른다.

대지의 생명이 살아 숨 쉬는 그곳, 쌀의 고향으로 마음의 눈길을 돌려본다. 거칠 것 하나 없이 탁 트인 하늘을 이고 골고루 내리는 태양 볕 받아 쪼이며 가끔은 고마운 빗물로 목을 축이기도 하고, 실바람에 몸을 맡긴 채 초록 머릿결 나풀대며 춤을 추기도 했을 게다. 낮 동안 동화작용 하느라 쉴 새 없이 고단했으니 밤에는 별빛 달빛의 위로를 받으며 편히 쉬었을까? 그렇게 별 탈 없이 어린 시절을 보내고, 때론 폭염과 가뭄으로 속이 타 들어간 적도 있었으리. 느닷없이 몰아치는 태풍에 몸살을 앓지는 않았는지….

지금쯤 무거운 목 늘어뜨리고 추수를 기다리는 벼이삭들의 안부가 궁금하다.

하늘과 땅을 부모로 세상에 나온 뭇 생명체들은 대자연 속에 하나의 고리로 연결되어 있음을 깨닫는다. 자연 속에 녹아있는 땅의 기운, 물의 기운, 불의 기운, 바람의 기운이 볍씨를 싹틔우고 성장시키고 마침내 알곡의 결실을 가져오게 한다. 이렇게 얻어진 쌀을 내가 취했으니 쌀은 내 안에 들어와 내가 되고, 후에 내 몸 또한 지수화풍地水火風으로 흩어져 자연으로 돌아가게 되리니 그땐 내가 무엇으로 그들과 만나게 될지 모를 일이다.

한 알의 쌀 속에 우주가 담겨 있음을 배우는 아침이다.

벌이 되어 꽃 속으로

보인다. 보고 있지 않아도 보인다. 닫힌 망막 너머로 하얀 꽃물결이 일렁인다. 낮에 화접花蝶체험을 하다 잠시 올려다봤던 파란 하늘이 내려와 앉는다. 그 투명한 하늘 호수에 유영遊泳하듯 둥둥 떠다니는 수만 송이의 배꽃. 아기손톱만 한 다섯 장의 앙증맞은 꽃잎과 그 안에 꼭꼭 숨겨진 꽃술까지 점점이 보인다. 온종일 한눈팔 새 없이 꽃잎과 눈싸움하며 실컷 본 얼굴인데 이 밤, 어이하여 예까지 따라온 걸까?

가까운 친구의 아들 내외가 경영하고 있는 배 농장 일이 요즘 한창 바쁜 시기라 했다. 부족한 일손을 제때 구할 수 없어 땅이 꺼지게 걱정하는 걸, 옆에서 듣고도 도와주지 못해 늘 안타까웠다. 배꽃이 피기 시작하면 반가움은 잠깐이란다. 시기에 맞춰 보살펴야 할 일들 때문에 꽃이 꽃으로 안 보인다고, 어려움을 호소했다. 해마다 가을이면 근동에서 가장 잘

생긴 명품 배로 뽑혀 서울로 올린다는 그 배를 선물로 받곤 했다. 친구와 그 가족들이 쏟아 부었을 땀방울을 생각하면 염치없지만, 좋은 친구 둔 덕분에 풍성한 가을을 한 아름씩 선물 받은 것 같아 마냥 흐뭇했었다. 언젠가는 그동안 베풀어준 배나무에 대해 감사의 예를 갖추어 대면인사라도 해야 한다는 생각을 하곤 했었다.

오늘, 바쁜 일상을 밀쳐두고 친구를 따라 화접 체험도 할 겸 봉사에 나서기로 했다. 우선 배꽃을 가까이서 감상할 수 있다는 기대와 설렘으로 마음은 앞서 배밭으로 달렸고, 첫 경험이라 잘 해낼 수 있을지 조금 걱정이 되기도 했다. 서너 명의 인부를 실은 승합차는 지체없이 화접장으로 향했다. 시야에 들어오는 드넓은 대지가 온통 하얀색 물결로 장관을 이루었다. 멀리서 바라본 배꽃은 하얀 구름 조각들이 내려앉아 나뭇가지에 수를 놓은 듯 단아했다.

농장에 도착하니 늦게 핀 자목련이 왕족의 의상을 차려입고 위엄 있게 마당을 지키고 있었다. 일벌 부대 구성원들이 속속 도착하고 싸움터에 나가는 병사들처럼 완전무장에 들어갔다. 작업복과 운동화, 특수 제작한 모자와 눈만 내놓고 얼굴전체를 가린 하얀 복면을 뒤집어써야 했다. 수류탄만 한 꽃가루 병을 목에 걸고 손에는 낚싯대처럼 생긴 대롱을 총대처럼 받쳐 들었다. 대롱 끝부분에는 민들레 갓털같이 부드러운 화접용 붓이 달려 있었다. 오늘의 성스럽고 진지한 임무를 수행하기 위한 필수 무기였다. 입을 벌린 병 속에는 잘 숙성 건조된 꽃가루가 얌전히 들어 앉아 있었다. 머지않아 다가올 암꽃술과의 운명적 만남을 기다리는 듯….

만반의 준비 태세를 갖춘 슈퍼 벌떼들이 우르르 고지를 향해 돌진했다. 그 숱한 벌들은 다 어디로 갔을까? 그저 쏘아대기나 하는 무서운 곤충으로, 눈에 보이는 만큼만 건성건성 보아왔던 벌, 자연 생태를 지키고 종족을 번성시키기 위해 그들은 부지런히 날갯짓을 하고 이 꽃 저 꽃 옮겨 다니며 꿀을 따고 꽃가루를 나르는 일에 최선을 다했을 것이다.

지구 온도의 변화로 자연생태계가 파괴되고 멸종되는 생명체들이 늘어나고 있다니, 지구를 맡아 경영해야 할 주인공은 인간이기에 그 책임을 통감해야 하리라.

흐드러지게 피어 있는 꽃 송이송이 사이를 누비며 벌처럼 꽃가루를 나르는 일은 생각처럼 쉽지 않았다. 굵은 나무 둥치를 중심으로 옆가지들은 위로 뻗지 않고 거의 수평으로 자라도록 그물이 설치되어 있었다. 가지를 뒤덮은 꽃송이들이 마치 잔칫집 마당을 덮고 있는 차일처럼 하늘을 가렸다. 여러 개의 가지 중 한 가지라도 빠뜨렸다가는 배 몇 상자가 날아가는 것 아닌가. 활짝 핀 꽃잎을 대상으로 붓끝을 조준하여 정확히 꽃가루를 암꽃술에 떨어뜨려야 하는 긴장의 순간들이었다. 위로 치켜든 목이 아파오기 시작하면 총대를 받쳐든 팔도 뻐근하다는 신호를 보내오고, 비탈진 둔덕을 딛고 서 있는 발끝과 두 다리 또한 버티느라 안간힘을 썼다. 이렇게 힘들고 어려운 일을 평생 업으로 알고, 전쟁 치르듯 해온 친구의 고생담이 피부에 와 닿았다. 흙과 배나무와 사람 몸이 하나 되어 때로는 뜨거운 태양과, 때론 느닷없이 덮쳐오는 태풍과 싸워가며 세월을 두엄처럼 삭여 왔을 터이다.

난생처음 몸으로 부딪쳐보는 배농장일이라 동작은 어설프고 굼떴다. 육신의 고통쯤은 참겠는데 마음이 영 놓이질 않았다. 지금 내가 하고 있는 인공수정 작업이 제대로 이루어지고 있는 건지 확인할 길이 없었기 때문이었다.

경험 많은 농장 주인이 옆에서 귀띔해 주었다. 꽃가루 묻힌 붓 끝을 갖다 대면 암꽃술의 점액이 당기는 듯 끈끈한 느낌이 온다는 것이었다. 이미 내 손끝의 촉감으로 감지되었지만 무심히 지나쳤던, 바로 그 느낌이었다. 낚싯대의 찌를 통해 전해오는 물고기 입질 같은 그런 미세한 느낌이었다. 오묘한 자연의 이치와 생태계의 조화 상생의 원리가, 사랑을 근본으로 한 신의 의지라는 걸 또 한 번 배우게 되었다.

제 빛깔로 잘 익은 배 한 알이 식탁 위에 오르기까지 얼마나 많은 땀방울과 자연의 배려가 필요했을까?

배꽃 안에 숨겨진 이야기들이 밤하늘의 별처럼 아롱진다. 꿈을 가진 생명의 씨앗 하나 떨어져 자연의 품에서 싹을 틔우고, 어린 나무가 되고 가지를 키워 하늘로 기지개 펴는 어른 나무가 된다. 살랑살랑 따스한 봄바람이 꽃망울을 터트리고 지나가면 배밭은 온통 하얀 은빛 세상이 되겠지. 그러나 이화梨花의 꿈은 봄날처럼 짧기만 하리. 여름 햇살에 포동포동 살이 오를 열매를 위해 자리를 내주고 기꺼이 흙으로 돌아가야 하니까.

여름내 태양과 비바람과 싸우며 품어 키운 소중한 열매를 가을볕에 몸 풀듯 쏟아 놓고, 배나무는 홀가분한 빈 몸으로 다음 한살이를 준비하리라. 거북이 등껍질처럼 단단해진 등걸 속에 세월의 무늬, 또 한 겹 보듬고 의연한 땅지기의 자태로 여기 우뚝 서 있겠지. 내년에도 내후년에도 그 먼 훗날에도….

자연의 허락도 없이 어중이 벌이 되어 웽웽거렸던 배꽃 속에서의 하루!

평생 공부해도 못다 깨우칠 자연의 섭리를 조금은 터득할 수 있는 고마운 체험이었다. 그저 자연이 퍼주는 천혜의 조건과 사람의 노력이 보태져 쉽게 얻어지는 과일로만 생각했던 배. 그 안에 숨겨진 생명의 실체와 가치에 대해 깊이 생각해본 적 없는 방관자로 살아온 건 아닐까. 장석주 시인의 〈대추 한 알〉이라는 시가 떠오른다.

> 저게 저절로 붉어질 리는 없다!/ 저 안에 태풍 몇 개/ 저 안에 천둥 몇 개/
> 저 안에 번개 몇 개가 들어서서/ 붉게 익히는 것일 게다/
> 저게 혼자 둥글어 질리는 없다!/ 저 안에 무서리 내리는 몇 밤/ 저 안에 땡볕 한 달/
> 저 안에 초승달 몇 날이 들어서서/ 둥글게 만드는 것일 게다/
> 대추야, 너는 세상과 통하였구나

그렇다. 황금빛 열매 속에는 서리서리 숨겨진 이야기들이 있다. 하얀 미소로 화답하는 배꽃과의 대화를 통해 우리네 인생살이도 꿈을 위한 그들의 한살이와 닮아 있다는 걸 깨닫는다. 굽이굽이 넘어야 할 고통의 순간들이 무시로 존재한다는 것, 농익은 과일처럼 달콤한 행복을 얻기 위해선 쓰디쓴 인내와 기다림과 희생이 뒤따른다는 것, 이 평범한 진리가 인생의 공식이라는 걸 또 한 번 복습하게 해 준 배나무야, 너도 세상과 통하였구나!

봄나물 앞에서

매주 목요일에는 이웃 아파트 한쪽 마당에 요일장이 선다. 구경거리 많고 흥정하는 사람들로 시끌벅적한 시골 장터와는 사뭇 다르지만, 나름대로 신선한 야채와 과일 그리고 생선을 구입할 수 있어 종종 들른다. 오늘은 어떤 먹을거리들이 주인의 선택을 기다리고 있을까, 주로 야채가게로 눈길이 먼저 가는 편이다. 올 들어 처음 보는 풋풋한 봄나물들이 오래 못 보고 지낸 친구라도 만난 듯 반갑다. 봄에 먹을 수 있는 나물의 종류는 정말 많은 것 같다. 취나물, 홑잎나물, 두릅, 돌미나리, 머위, 민들레, 다래순, 오가피 순, 엄나무 순 등 그 향기도 독특하지만 비타민, 철분, 칼슘 같은 영양분이 듬뿍 들어있는 나물들이 많다.

꽁꽁 언 땅속에서 봄을 준비하며 용케도 잘 견뎌낸 여린 생명들! 눈보라와 강풍에도 끄떡없이 생명을 부지할 수 있었던 건, 뿌리를 단단하게 붙들어주는 흙의 도움이 있어서일 게다. 따스한 봄 입김이 대지를 녹이기 시작하면, 움츠렸던 뿌리는 어깨를 펴고 땅속 수분을 부지런히 퍼 올려 나뭇가지마다 연초록 봄물이 든 어린잎을 피워낸다. 윤기가 자르르 흐르고 야들야들한 어린 새순에선 싱그러운 아기 살갗 냄새가 나는 듯하다. 어느 깊은 산속에서 살다가 예까지 온 걸까? 수북하게 쌓여 있는 다래 순이 눈에 들어와 한 소쿠리 사들고 집으로 왔다. 끓는 물에 살짝 데쳐 잠시 찬물에 우린 다음 집간장 양념으로 간을 맞추고 조물조물 손맛으로 무쳐 낸다. 산뜻한 색감에 우선 눈이 즐겁고, 자분자분 입속에서 씹히는 봄나물의 향미가 어느 성찬 못지않다. 단 한 번도 빠짐없이 해마다 누리는 자연의 선물인데 그동안 고마움을 느끼지 못하고 살았다. 나이가 들면서 자연과 더 친해지고 싶고 식성도 채식위주의 자연식을 선호하게 되는 것은, 자연으로 돌아갈 몸이 스스로 알아서 갈 채비를 하고 있는지도 모를 일이다.

'무엇을 어떻게 먹어야 잘 먹는 것일까.'가 요즘 현대인들의 관심사로 대두되고 있다. 보릿고개를 겪은 세대들은 그야말로 못 먹어서 탈이 나는 시대를 살았다면 현대인들은 오히려 너무 잘 먹어서 탈이 나는 시대에 살고 있다. 영양 과잉으로 인한 비만과 갖가지 현대병에 시달리고 있는 것은 성인뿐만 아니라 어린 학생들에게서도 나타나고 있다 하니 심각한 사회적 문제가 아닐 수 없다. 비만을 유발하는 식품에 세금을 물린다는 나라도 있는 실정이니 어쩌랴.

'내 몸은 음식이 만든다.'는 말이 있다. 섭생은 우리 몸을 이루는 최소

단위인 세포를 건강하게 만드는 과학적 식생활을 말하는 것이리라. 음식이 내 몸을 만드는 기본 재료임을 잊어서는 안 될 터이다.

한번 만들어진 세포는 영원히 우리와 함께하지 않는다. 매 순간 우리 몸에서 초당 5천만 개의 세포가 죽어가는 동시에 또다시 5천만 개의 세포가 만들어진다고 한다. 간은 한 달 반이면 전혀 새로운 세포에 의해 조직이 바뀌고, 뼈는 3~6개월이면 새로 만들어진다고 한다. 한 끼의 식사가 내 몸을 만들어 간다는 사실을 인식한다면 무엇을 어떻게 먹을 것인가가 얼마나 중요한 문제인지 쉽게 알아차릴 수 있을 것도 같다.

'사람이 항상 나물 뿌리를 씹어 먹을 수 있다면 백 가지 일을 이룰 수 있다.'는 옛 선인의 말도 있다. 뿌리채소가 몸에 좋은 이유는 땅의 기운을 가장 많이 받았기 때문이 아닐까 싶다.

평소 무말랭이를 즐겨 드셨다는 법정스님께서 식습관에 대한 글을 쓰셨는데 그 내용이 충격적이다.

"우리가 먹은 음식은 몸에 들어와 살이 되고 피가 되고 뼈가 된다. 뿐만 아니라 보통 사람의 눈에는 보이지 않지만 그 음식물이 지닌 업까지도 함께 먹어 그 사람의 체질과 성격을 형성한다. 육식을 좋아하는 사람들은 고기를 먹을 때 고기의 맛과 더불어 그 짐승의 업까지도 함께 먹는다는 사실을 기억해야 한다. 그 짐승의 버릇과 체질과 질병, 그리고 그 짐승의 사육자들에 의해 비정하게 다루어질 때의 억울함과 분노와 살해될 때의 고통과 원한까지도 함께 먹지 않을 수 없다는 말이다."

평소의 식습관이 얼마나 중요한 일인지 자신을 되돌아보게 한다. 지금 내가 가지고 있는 질병이나 약함이나 크고 작은 고통들까지도 내 스스로 만든 것이니 남을 탓할 일이 아니라는 걸 깨닫는다.

식생활과 환경, 식생활과 건강의 연관성에 대해 연구한 세계 1급 전문가 존 로빈스가 저술한 책이 있다. 《육식, 건강을 망치고 세상을 망친다》를 읽고 나서 미국의 수많은 사람들이 육식 위주의 편중된 식습관에서 채식으로 바꾼 사례가 많다고 한다. 저자는 직접 동물 사육 현장을 꼼꼼히 답사하면서 그들이 사람들에 의해 얼마나 잔혹하게 사육되고 있는지를 낱낱이 공개하였다고 한다. 돈벌이를 위한 인간의 욕망 앞에 동물복지는 한없이 추락하고 있는 현실이 안타깝기만 하다. 창조주의 입장에서 본다면 다 같은 생명체요, 인간이 더 우월할 것도 없을 터인데 말이다.

어느 책에선가 동물들의 에너지 파장에 대해서 읽은 기억이 난다. 일반적인 식사 후 내 몸 안에 남는 식품의 에너지 파장은 각기 다르다고 한다. 노루는 80년, 개는 50년, 염소는 10년, 닭과 돼지는 5년, 소는 1년, 그리고 식물은 두어 시간에 지나지 않는다고 한다. 태초 인류가 탄생한 먼 옛날에는 초식성에 알맞은 맷돌 모양의 치아구조로 되어 있었으나 점차 진화되어 송곳니가 생겼다고 한다. 장의 길이가 긴 이유도 채식을 위한 것이라고….

원래 사람의 몸은 구조상 자연식을 원하고 있는지도 모른다.

우리 몸속 세포들이 필요로 하는 음식은 무엇인지, 몸의 소리에 귀 기울여야한다. 음 체질 양 체질, 각기 다른 체질별 밥상으로 조화를 이룰 때 올바른 섭생이 되리라. 또 피를 맑게 하는 생채소와 과일, 우리 땅에서 난 자연식을 즐겨 먹어야 하리라. 음식을 대하는 마음자세 또한 중요하다. 상대방을 배려하는 마음, 기쁨과 감사의 마음까지도 밥상 위에 푸짐하게 올려야 하지 않을까?

봄나물 한 접시 앞에 놓고 '무엇을 어떻게 먹을 것인가' 지난至難한 화두에 빠져 본다.

새벽 산행

새벽은 새색시 발걸음으로 조용조용 온다. 어둠의 제왕 앞에 납작 엎드린 대지를 깨워 하루의 새 지평을 열게 하고, 하늘에서 내린 옥수로 갓 세수한 정갈한 얼굴로 새벽은 새벽에 눈 뜬 사람에게로 온다.

새벽 5시, 머리맡에 놓아둔 불침번 핸드폰이 목청 돋우어 외쳐댄다. '주인님, 일어날 시간입니다.' 꿈길까지 마중 나와 주는 기상 도우미가 있어 얼마나 다행인지. 신통한 벨소리 덕분에 단잠의 유혹을 과감히 뿌리치고 스프링처럼 자리를 털고 일어난다. 먼저 창가로 가서 하늘을 살핀다. 희부연 새벽안개가 하늘을 가렸지만 비가 올 것 같지는 않다. 주섬주섬 운동복을 챙겨 입고 집을 나선다. 상쾌한 바람이 품속으로 파고들어 새벽 산행을 더욱 기분 좋게 만들어준다. 거칠 것 하나 없이 텅 빈 거리, 낮 동안 북적대던 도시의 소음을 모두 흡수한 듯 무겁게 가라앉은 2차선 도로 위엔 까만 정적이 흐른다. 쉴 새 없이 질주하는 자동차 바퀴의 무게를 감당하느라 나른해진 어깨를 침묵으로 풀어내며 쉬고 있는 것일까?

희뿌연 안개 속 큰 길 가엔 비를 든 아저씨의 신성한 땀방울이 간밤의 혼돈을 쓸어낸다. 형광 빛 주황색 조끼 속에 굽은 등 가린 채 묵묵히 자신의 몫을 다하고 계신 아저씨, 지구의 한 귀퉁이를 살리기 위해 쓰레기와 전쟁 중이다. 이분들의 희생이 없다면 아마 우리 모두는 우리들이 만든 쓰레기 지옥의 깊은 늪에서 헤어나지 못하게 될지도 모른다. 쓰레기 비용으로 연간 15조 원이 든다고 하니 엄청난 낭비다. 핵폭탄이나 전쟁, 가뭄 등으로부터 이 아름다운 초록별 지구를 지키는 일도 중요하지만 자정능력을 상실해 버린 쓰레기 강산으로 만들어 버린다면 후손들에게 무엇을 물려줄 수 있겠는가. 산더미 같은 쓰레기들을 보며 답답해진 마음을 하늘로 날려본다.

큰길을 가로질러 낯익은 골목길로 들어서면 이따금씩 새벽을 여는 바쁜 발걸음과 만나게 된다. 새 소식 한 움큼씩 뿌려주고 바람처럼 달리는 신문배달 소년에게서 근면과 성실의 생활력을 배우고, 키 작은 오토바이 뒤꽁무니에 우유를 잔뜩 싣고 골목을 누비는 젊은 주부에게서 강한 어머니의 의지를 읽는다.

한낮의 열정이나 밤의 환락을 차분히 가라앉힌 새벽의 기운은 정화수처럼 맑고 신성하다. 그 무엇에도 방해 받지 않는 새벽이 주는 자유와 순수의 공간 속에 나를 담그고 잠시나마 내 삶의 근원으로 되돌아갈 수 있어 좋다.

새벽 산행을 즐기는 사람들의 발길이 이어지는 태조산 자락, 등산로 입구에 다다르면 청송사라는 작은 사찰이 제일 먼저 눈에 들어온다. 녹슨 세월을 이고 처마 끝에 매달린 풍경은 미풍에 몸을 떨며 맑은 소리를 풀어낸다. 늘 깨어 있으라는 부처님 가르침 따라, 물고기처럼 우리 중생도 항상 깨달음과 지혜의 눈을 뜨고 살아가야 하지 않을까?

조붓한 오솔길 따라 많은 발길들이 목적지를 향해 오고간다. 한 손에 묵주를 들고 천천히 기도하듯 걷는 아줌마의 발걸음에서부터, 양팔을 치켜 흔들며 씩씩하게 걷는 젊은 발걸음도 있고, 한쪽 팔다리가 불편한 할머니를 부축해가며 힘겨운 발걸음 떼어놓는 노부부의 황혼 짙은 모습도 만나게 된다. 우리 인간은 하나의 독립된 개체로 존재하는 것 같지만 한 순간도 혼자서는 살아갈 수 없다는 걸 산행을 통해 다시 깨닫게 된다. 상생과 조화라는 우주의 원리 속에 사람과 사람, 자연과 사람이 하나로 어우러져 살고 있음을 느끼게 한다. 사람은 나무에서 나오는 산소를 호흡하며 생명 활동을 할 수 있고 나무 또한 사람이 내뿜는 탄산가스의 도움으로 광합성 작용을 할 수 있기에 푸른 생명을 유지할 수 있다. 나무와 흙 또한 마찬가지다. 뿌리 내릴 흙이 있어 나무는 굳건히 자랄 수 있고 흙 또한 나무뿌리가 강하게 움켜잡아 단단하게 만들어 줌으로써 산사태를 막을 수 있는 것이다. 이렇게 서로 돕고 도움 받으며 조화롭게 살아가는 것이 창조주의 뜻이요 대자연의 이치가 아닐까.

자연은 우리에게 많은 가르침을 준다. 품안에 들어오는 모든 것들을 포용하는 넉넉한 마음을 산에게서 배운다. 높은 자리 낮은 자리, 좋은 땅 나쁜 땅 가리지 않고 불평 없이 자라는 나무에게서 소탈함과 겸양의 미덕을 본받는다.

나무와 숲과 흙과 바위 이 모든 것들이 한 덩어리로 어우러져 산을 이룬다. 그 속에 짐승과 새들과 작은 벌레들까지 모든 생명체들이 유기적으로 공존하며, 자연의 질서를 이끌어가고 있지 않은가.

목적지인 산중턱까지 걷는 동안 등줄기엔 촉촉하게 땀방울이 솟는다. 솔향기 묻어오는 한줄기 산바람이 가슴속까지 시원하게 훑고 지나간다. 건강을 지켜주는 산이 고맙고 땀을 식혀주는 상쾌한 바람이 반갑고, 나를 기다려주는 아침운동 국학기공 동호인들이 있어 나의 산행은 더욱 보람차다. 맑은 공기 속에서 호흡에 맞춰 운동을 하고 나면 온 몸의 세포가 생생하게 살아나는 듯 가볍고 개운하다. 옛적 우리의 선조 들이 심신수련의 장으로 산을 택한 이유를 알 것도 같다. 한결 가뿐해진 발걸음으로 산을 내려오는 길엔 여유로운 정담이 오간다. 두서너 명씩 무리 진 아저씨들의 발걸음 뒤로 호쾌한 웃음소리가 바람타고 확산된다. 올라오던 한 친구가 반갑게 인사하며 묻는다.

"자네 왜 이리 뜸 했는가? 정말 오래간 만일세, 별일 없었고?"

"허허 그게 별일 조금 있었지. 얼마 전 오랜만에 만난 친구 녀석이 뒤에서 냅다 끌어안는 바람에 늑골 두 대가 그만, 덕분에 병원신세 지느라 한동안 산에도 못 왔네." 하며 껄껄껄 호탕하게 웃어 젖히는 것이 아닌가! 젊은 아저씨의 밝게 웃는 모습에서 상해를 입힌 그 친구를 원망하거나 미워하는 기색은 조금도 찾아 볼 수 없었다.

오늘 만난 건강한 웃음이 던져주는 메시지는 무엇일까. 산처럼 모두를 품는 관용과 이해, 그리고 공생 공존하는 삶이 우리 사는 세상을 좀 더 밝고 아름답게 만든다는 가르침이 아닐까?

오월에는

반가운 손님처럼 오는 듯 금세 가버리는 봄의 끝자락을 잡고 말려보고 싶지만, 뒤돌아보지도 않은 채 잰 걸음새로 가고 있다. 갓난아기의 살 내음이 날 것 같은 야들한 새잎에는 어느새 포동포동 살이 올라 있다. 순한 바람과 따스운 봄 햇살이 돌봄이로 나선 게 아닐까? 하루가 다르게 팔다리도, 키도 쑥쑥 자라 있다.

익어가는 태양과 신록이 눈부신 계절, 장미의 농염한 자태가 지나는 길손의 코를 유혹하는 오월이다. 싱그러운 녹색과 우아한 꽃들의 향연이 무르익는 오월은, 정장 차림의 신랑과 부케를 든 신부처럼 축복받은 계절이 아닐까 싶다.

5월 하면 어버이날이 먼저 생각난다. 내가 어렸을 적엔 어머니날로 지정되어 있었는데 언제부턴가 어버이날로 명칭이 바뀌게 되었다. 아버지 어머니로 인해 내가 존재하니 마땅히 두 분의 은혜를 기리는 날이어야 하리. '낳실 제 괴로움 다 잊으시고' 노랫말도 어머니 은혜를 주제로 한 내용이어서 아버지들은 조금 서운할 수도 있겠다 싶다.

바쁜 현대인들에게 이런저런 기념일을 일일이 챙기고 의미를 되새긴다는 것, 조금은 부담스러울 수도 있으리라. 하나 급할수록 돌아가라는 말이 있듯이 5월만큼은 겸허한 자세로 가족과 스승을 생각하는 여유를 가져 봄이 어떨까. 내 생명의 근원을 생각하게 하는 어버이날, 가슴 뜨거운 사랑의 모천으로 거슬러 기억의 날개를 펼쳐보자. 강보에 싸인 핏덩이를 불면 날아갈세라 눈길 한 번 떼지 못하며 밤낮으로 보살펴 주신 은덕 어디에 비할 수 있으랴. 장성해서 어른이 되고 백발성성한 노년이 되어도 부모님의 자식 사랑은 변함이 없다. 유통기한 무한대인 부모님의 큰사랑, 만분의 일이라도 자식들에게 대물림으로 갚고 가야 하지 않을까 생각해본다.

해마다 어버이날이 가까워지면 자식들은 효용 가치가 높은 효도 선물 고르느라 신경을 쓴다. 조금 젊었을 적엔 옷이나 화장품, 가방 등이 인기 품목이었다면 나이가 들어서는 건강보조식품이나 보약, 의료보조기 등이 물망에 오른다. 어머니의 속맘을 훤히 꿰고 있는 듯, 딸내미들의 선물은 항상 족집게 같다. 나는 내 어머니에게 변변한 선물 한번 해 드린 기억이 없다. 못살았던 시절 먹고살기 바빠 눈길을 다른 곳에 주지 못했다는 건 구차한 변명이요, 얄팍한 핑계일 뿐이다. 그땐 왜 그리 융통성이 없었는지. 내 어머니는 선물보다는 돈을 더 선호할 것이라 여겼었다. 궁핍한 살림에 조금이라도 보탬이 되는 현금이 더 귀한 존재였으니까. 흐릿해진 먼 기억 속 어버이날을 회상하노라면 더욱 후회스러운 딸이 된다.

오월 하면 각종 기념일이 생각나고 기념일 하면 선물 꾸러미들이 떠오른다. 선물 포장은 왜 그리도 거창한지, 재질이 거의 환경 공해물질들이 많다. 편하게 앉아서 일회용 그릇에 배달되어온 음식물을 즐긴 뒤, 아무렇지 않게 내다 버려 쓰레기 산을 만드는 일에 일말의 죄책감도 느끼지 않는 게 현실이다. 편리하다는 이유로 우리 생활 깊숙이 파고든 플라스틱 공해, 우리가 버린 플라스틱 쓰레기는 바다로 흘러들어가 물고기의 먹이가 된 지 오래라고 한다. 그 해산물을 섭취한 우리 몸 안에는 언제부턴가 미세플라스틱이 쌓여가고 있었으리. 한 주 동안 우리가 먹는 미세플라스틱의 양은 신용카드 한 장 정도라 하니 놀라운 사실이 아닌가! 믿고 싶지 않지만, 호주 뉴캐슬대학 외 여러 대학에서 밝힌 과학적 연구 결과라 한다.

지구 온도 변화로 생태계가 위협을 받고 있다는 사실을 누구나 알고 있지만, 어디서부터 손을 써야 할지 답을 찾기 힘들다. 이미 회복하기 어려운 지경에 이르렀다는 지구환경 전문가들의 브리핑을 들은 기억이 난다. 지구 온도의 상승 주기가 점점 빨라지고 있다는 통계다. 세계 정상들이 모여 기후환경대책회의나 저탄소 대책마련을 모색해 보지만 길이 멀다. 이런 상태가 지속된다면 지구 생명의 한계가 얼마만큼 남았는지 계산하기조차 두렵다. 이 지구를 포기하고 다른 행성으로 이주할 수도 없는 노릇 아닌가! 후대의 밝은 앞날을 생각한다면 먼 미래의 세상까지 내다볼 수 있는 지혜와 준비가 필요하다.

지구시민운동연합에서 벌이는 환경캠페인에 동참한 적이 몇 번 있다. EM이라는 친환경 원료로 비누도 만들고 세제도 만들어 나누어 주며 홍보도 해봤다. 하천 살리기 운동의 하나로 황토 공을 빚어 던지기도 했다. 환경을 살리기 위한 노력은 지구에 발붙이고 사는 모든 이들의 동참이 필요하다는 생각이다.

얼마 전 지인으로부터 지구환경 살리기 캠페인의 하나로 '이메일 삭제'라는 제목의 카톡문자를 받았다. 해당 링크를 열고 들어가 확인해 보았다. 우리가 미처 생각지 못한 곳에서 온실가스가 배출되고 있다는 사실! 데이터를 저장하기 위해 24시간 풀가동해야 하는 데이터센터에서 소비되는 전력량은 엄청나다고 한다. 세계 23억 인구가 사용하는 수많은 계정 중 불필요한 메일 50개씩만 삭제한다면 2억 7천6백만 킬로와트의 전력을 아낄 수 있고, 비용으로 환산하면 2억 원을 절감할 수 있다 한다. 작은 것에서부터 내가 할 수 있는 요인들을 찾아 실천해 나가야 하리라.

지구인 모두가 미래를 걱정하고 나부터 절제하는 바른 소비생활을 통해, 탄소발자국을 조금이라도 줄일 수 있도록 마음을 써야 할 때인 것 같다. 가까운 곳에서 생산되는 상품들 즉 로컬 푸드를 소비하는 일도 환경 살리기의 한 방편이다. 우리가 편하게 앉아서 풍요를 누리는 동안 탄소

발자국은 길게 남겨질 수밖에 없다. 무엇이든 빠르게 쉽게 해결하려는 소비자들의 요구대로 '배달의 나라' 세상인 것 같아 씁쓸하다.

오월은 '감사의 달'이라 하여 그 마음을 전하는 선물이 풍성한 달이기도 하다. 그러나 그 풍요로움에서 우리가 자각해야 할 것도 분명 있다고 본다. 현명한 소비생활, 덜 쓰고 덜 먹고, 덜 버리는 건강한 습관, 지구 환경을 먼저 생각하는 모두이길 바라본다.

지구는 어머니로 표현되기도 한다. 병든 어머니를 그대로 방치해서는 안 될 일이다. 어버이의 은혜를 생각하는 오월에는 어머니 같은 지구도 한 번 더 돌아봐야 되지 않을까. 은혜의 달 오월에는 지구를 아끼고 사랑하는 지구인들의 의식이 한껏 높아져, 열병을 앓고 있는 지구 온도가 정상으로 회복되길 기도해 본다.

두부를 만들며

"엄마, 짐 모하시나?"

시공을 가르며 삽시에 달려와 내 손에 포옥 안긴 딸아이의 문자 메시지다.

우선 반갑다. 호수 위에 잔잔히 번지는 물무늬처럼 내 마음에도 배시시 엷은 미소가 피어난다. '우리말 바로쓰기 본때를 보여야지.' 하며 더듬더듬 자음과 모음을 조합해 나간다.

"막 도착한 번개 글 읽고 있지, 시간 되는데 올라갈까?"

"좋아 좋아, 서울 H백화점에서 만나용."

눈 깜짝할 사이 답신 쪽지가 날아가는가 싶더니 이내 응답이 왔다.

딸아이가 사는 곳은 부천이지만 이삼십 분 거리로 서울 생활권에 가깝다. 오늘은 목동에 있는 대형 백화점에 들러 찾아 볼 것이 있단다.

상류층 고객들을 유혹하는 명품 브랜드가 즐비하고 식품에서부터 생활용품까지 없는 물건이 없다. 그런데 딸아이가 열심히 찾고 있는 물건은 눈에 띄지 않는 모양이다.

"뭘 찾는데?" 하고 물었다. "두부 짤 때 쓰는 베보자기 같은 게 없네." 한다. 어제 두부를 처음 만들었는데 실패작이란다. 오늘은 제대로 된 두부를 만들어 맛있는 두부 요리를 할 요량으로 팔을 걷어붙이는 눈치다. 식품코너에 들러 몇 가지 식재료와 베보자기 대용 거즈수건을 사가지고 부천 집으로 왔다.

우리 콩으로 만든 두부를 구입하려면 꽤 비싼 값을 치러야 하는 요즘이다. 육류를 즐기지 않는 딸아이가 콩 제품에 입맛을 들인다는 건 권장할 만한 식습관이라 생각되어 마음이 놓였다. 어제의 두부 만들기는 인터넷이나 제품에 붙어온 안내서만으로 일단 체험을 해본 모양인데 순서에 문제가 있지 않았나 싶다. 걸러내지도 않은 채 응고제를 넣고 끓였으니 두부도 아니요 비지도 아닌, 거칠고 딱딱한 기형 두부가 탄생할밖에…. 간편식이라 해도 두부 만들기는 그리 녹록지 않은 슬로우 푸드의 전형인 듯싶다.

예전 우리 어머니들은 전 과정을 수동으로 해내셨다. 멍석을 깔고 두 사람이 마주 앉아서 맷돌을 돌린다. 음과 양의 조화가 필요하듯, 암맷돌과 수맷돌의 몸체가 잘 맞아야 힘이 덜 들고 부드럽게 콩이 갈린다. 한 손으론 맷돌 손잡이를 돌리고 한 손으론 연신 콩을 먹인다. 입자가 곱게 갈리면서 맷돌 몸 밖으로 밀려 나온 콩물을 거두어, 가마솥에 넣고 끓일 때도 아궁이 앞을 지켜야 하는 수고가 뒤따랐다. 그렇게 가족의 먹을거리를 위해 시간과 정성과 몸을 쓰는 노력을 아끼지 않으셨다. 그에 비하면 요즘 식생활의 편리성과 풍요는 예와 천양지차라는 걸 요즘 세대들은 알고나 있을까?

약간의 설렘과 기대를 안고 두부 만들기 실습에 들어갔다. 미리 불려놓은 콩을 비린내만 가실 정도로 살짝 삶아 껍질을 벗기고 물을 적당량 넣어 믹서에 간다. 잘 갈린 콩물을 발 고은 천보자기에 걸러 비지를 짜낸 후 불에 올려 끓인다. 이때 잘 저어주지 않으면 후루룩 넘쳐 낭패 보기 일쑤다. 한 소끔 끓인 뒤 정제된 천일염과 식초를 적당한 비율로 넣고 콩물이 엉길 때까지 잘 저어준다. 순두부 모양으로 몽글몽글해질 때까지의 기다림이 자못 초조하다. 이번에는 성공할 거라며 분주히 움직이는 딸아이의 거동이 제법 어른스럽다. 평생 처음 만드는 두부를 시골도 아닌 딸아이의 오피스텔에 와서 체험을 하게 될 줄이야!

모녀가 한데 엉겨 콩물과의 전쟁을 한바탕 치른 덕분에 이번에는 그럴듯한 미모의 두부가 탄생됐다. 아기 살처럼 보드라우면서도 탄력이 있고 수분도 적당히 품고 있어 어디에 내놓아도 손색이 없는 수제 두부다.

"엄마, 두부 맛 좀 보셔."

"음, 고소하고 부드러운 게 아주 맛나네."

딸아이는 무언가 해냈다는 작은 성취감으로 기분이 고조되어 있었다. 오늘 엄마에게 맛있는 두부김치찜을 해서 올리겠다며 재료를 다루는 손

놀림이 제법 능숙하다. 지난번 구입한 명품 냄비로 요리솜씨를 발휘해 보겠단다. 야심찬 메인 메뉴로 선정된 두부김치찜 재료가 조리대에 올랐다. 묵은지를 포기째 뚝 잘라 양파와 함께 냄비 바닥에 깔고 김치 사이사이에 두툼하고 넓적한 삼겹살을 얹는다. 마늘과 생강, 통후추 등 약간의 양념과 물을 넣고 흔곤해질 때까지 푹 찐다. 어지간히 익었을 즈음 두부를 넣고 뜸을 들인다. 삼겹살에서 나오는 기름기는 바닥에 깔린 양파로 스며들었는지 전혀 느끼하지 않다. 김치와 어우러진 삼겹살의 새로운 풍미에 입맛이 동했는지, 평소에 즐겨 먹지 않던 돼지고기를 이처럼 많이 먹어본 건 처음이다. 엄마의 사십 년 주부 경력이 무색할 정도로 두부김치 찜을 훌륭하게 선보인 딸아이의 요리 솜씨가 자랑스럽게 느껴졌다.

"이제 맛있게 먹어 줄 옆자리 한 사람만 있으면 딱 좋겠는데."

칭찬을 곁들인 채근으로 슬며시 딸아이의 의중을 자극해 본다. 그러나 마음 한구석 '요 이쁜 딸내미를 데려갈 백마 탄 왕자가 어디쯤 오고 있을까'를 생각하니 애틋한 마음이 똬리를 튼다.

처음으로 두부를 만드는 과정에서 많은 가르침들이 가슴에 와 닿았다. 단 한 모의 두부를 만들기 위해 쏟는 정성에서 가족을 생각하는 큰사랑을 읽는다. 조급증을 잠재우고, 인내하며 기다릴 줄 아는 마음의 여유도 갖게 한다. 솥 안에 콩물이 넘치거나 눌러 붙지 않도록 천천히 저어주며, 입자끼리 결합하여 잘 엉길 때까지 차분히 지켜보는 느림의 미학도 체험한다.

'이 재료들이 어디에서 왔는가?'를 생각하게 한다. 하늘과 땅, 태양과 구름 그리고 부지런한 농부의 손을 거쳐 이곳 식탁까지 오게 됐으리라. 씨앗을 품어 싹을 틔우고 태양과 물의 도움을 받아 곡식을 길러내는 대지는 어머니와 닮았다. 어려운 조건 속에서도 잉태하고 길러내는 힘의 원천이 사랑이듯 대지는 포근한 입김으로 모든 생명체들을 보듬는다. 대자연 속 콩 한 알에서 감사의 마음을 건져 올린다.

딱딱한 콩의 성질이 다른 성질의 물질과 잘 융합하여, 부드럽고 말랑한 음식으로 재탄생하는 과정이 경이롭기만 하다. 목을 타고 미끄러지듯 하강하는 순두부의 촉감은 부드러움의 극치라 해도 좋을 듯싶다. 이렇게 많은 사람에게 행복한 순간을 제공하기 위해 콩은 제 몸이 부스러져 가루가 되어도 좋았다. 물과도 친교를 나눌 줄 알았고, 뜨거운 불에 시달리는 고통도 기꺼이 감수했다. 그 혹독한 몸부림 속에서도 도움을 주는 친구들이 있어 쉽게 변신에 성공할 수 있었던 건 아닐까? 소금의 도움이 없었다면 두부는 탄생하지 못했을 터이다. 이 세상 모든 생명체는 독불장군으로 혼자 살아갈 수 없다는 이치를 일깨운다. 만물이 서로 돕고 도움받으며 조화롭게 공생의 도를 지켜 나갈 때 우주의 평화, 지구의 안녕이 오래 지속될 수 있다는 자연의 섭리를 콩 한 알에서 배운다.

더미

무심히 내다본 바깥 풍경이 영 달라졌다. 길 하나를 사이에 둔 이웃 동네 곳곳에 산처럼 우뚝 솟은 더미들이 즐비했다. 세월의 묵은 먼지를 뒤집어쓰고 늙은 삭신처럼 골골대던 집채들의 무덤이었다.

'철거 중'이라는 혐오스런 빨간 글씨가 으스스하더니 하룻밤 사이에 집이며 텃밭이며 좁은 골목까지 흔적도 없이 사라졌다.

존재하는 모든 것들은 무상하다 했던가. 어제가 오늘이 될 수 없듯, 끊임없이 움직이는 우주의 파동 앞에 만물의 실체는 영원할 수 없다. 집이나 사람이나 세월의 힘에 떠밀려 시시각각 노화하는 유한한 존재다. 대자연의 설계도에는 소생하고 사멸하는 순환의 법칙이 있어 그래도 조화롭고 지속 가능한 세상이 존재하는 것 아닐까.

사람의 몸은 소우주라 했다. 소우주인 사람의 육신과 영혼을 품어주는 공간, 집 또한 그 누군가의 우주가 아닐까. 그 안에 태양도 있고 구름도 지나가고 더러는 비바람, 폭풍도 함께했으리. 삶의 무게에 짓눌린 지아비의 한숨도, 그 옆을 지키던 지어미의 눈물도 얼룩져 있으리라. 가끔은 천사의 미소를 닮은 아가의 재롱으로, 평생 받을 효도를 선불로 받아보는 좋은 시절도 있었으리. 애면글면 부대끼는 삶 속에서도 희망은 싹트고 꿈도 사랑도 무럭무럭 자랐으리. 아이들은 어른이 되어 새 둥지로 떠나가고, 황혼의 노부부만 남아 외롭게 집터를 지키진 않았을까? 오랜 세월 애환으로 다져진 정든 터를 등지고 그들은 지금 어디로 갔을까. 많은 사연들을 보듬은 채, 산화해버린 집 무덤을 망연히 바라본다.

젊은 날, 직장을 오가며 급한 걸음 옮겼던 나의 족적도 화석처럼 그곳에 묻혀 있을까. 풀풀 날리는 분진처럼 흐릿해진 지난날 기억 속으로 더듬더듬 촉을 세워본다.

노란 미소로 봄을 알려주던 개나리 울타리가 거기 있었고, 넓은 바깥 정원이 탐나던 오래된 벽돌집도 있었지. 덩치 큰 호두나무는 무사할까? 새 주인 만나 낯선 땅에 뿌리내리도록 인정을 베풀지 않았을까. 언덕배기 좁은 골목을 따라가다 보면, 옴실옴실 땅내 맡고 자라던 남새밭 식구들도 철따라 푸르렀는데…. 조금 더 올라가면 허술한 이발소가 있었고, 몇 집 건너 큰길 옆에는 젊은 시절 내가 살던 양옥집이 있었다. 빈농이었던 시댁을 정리하고 대처로 나와 처음 장만한 전세 가옥이었다. 옥탑방이 딸린 아담한 집에서 일곱 식구가 복닥거리며 살았었다.

앙증맞은 빨간 구두에 노란 가방 메고 통통거리며 오갔을, 막내아이 새마을 유아원도 그 길 위에 있었다.

아른아른 떠오르는 먼 기억 속 사건들! 가까이서 눈으로 만나고픈 추억의 장소가 점점 지도에서 사라져 가고 있다. 빠르게 진화하는 도시 환경 탓이기도 하지만, 내가 살아온 세월의 그림자가 그만큼 길어져 있다는 얘기리라. 더미 속에 묻혀버린 삶의 편린들, 뭉개진 추억의 장소들! 이제는 머릿속 지도에서나 찾을 수 있으려나.

얼마 전, 초등학교 시절 친우들과 모임이 있었다. 한 친구가 급성심근경색으로 입원을 했다는 소식을 듣고 가슴이 철렁했다. 십여 년 전 내가 겪은 아픔이기에 안타까움이 더했다. 만나고 헤어질 때마다 인사가 그랬다. "친구야, 이젠 아프지 마! 건강해야 자주 만나지. 이렇게 여행할 수 있는 날도 얼마 안 남았어." 한 해가 다르고 한 달이 다르게 느껴진단다. 그럴만한 나이라고 서로 위로한다. 저 허물어진 집채들 마냥 우리의 육신도 한구석 한 귀퉁이 언제 무너져 내릴지 모를 일이다. 그래서 지금 여기 내가 살아있음에 감사해야 한다고 입을 모은다. 물 좋고 공기 맑은 자연휴양림에서 누린, 1박 2일의 짧은 일탈이었지만 우린 실컷 웃고 떠들며 행복을 충전했다. 누군가 말했다. 이제는 가벼워져야 할 때라고, 비우고 비우는 연습을 해야 할 나이라고. 후일, 내가 소유했던 잡동사니 물건들이 쓰레기 유산으로 남겨질까 두렵다고도 했다.

주위를 살펴본다. 온갖 풍상 겪으며 지아비의 몫까지 살아내느라 숨 가빴던 젊은 시절부터, 중년을 지나 노년에 이르기까지 나를 지켜준 낡은 둥지! 우듬지에 아슬아슬 매달린 까치집처럼 위태롭다. 재개발 대상지역으로 발이 묶여 수리도 안 되고 도시가스도 안 들어온다. 베란다 천장은 곳곳에 부식이 일어나, 시멘트와 분리된 페인트 조각들이 부스럼 딱지마냥 수시로 떨어진다.

언젠가는 이 낡은 집도 하루아침에 허물어져 더미로 변할지 모를 일이다. 미니멀라이프 계획을 세워 최소한의 생활 도구만 남도록 다이어트해야 하지 않을까. 못 버리는 습성이 고질화되면 저장장애라는 질환으로 이어질 수도 있다는 얘기를 들은 기억이 난다. 버리고 버려서 집도 내 마음도 가벼워져야 하리.

내 시야를 가려버린 저 폐기물 더미처럼 평생 동안 쌓인 내 안의 쓰레기 산은 얼마나 높을까. '평생 동안 남녀 무리를 속인 죄가 수미산보다 높다.' 성철 스님께서 열반에 드실 때 읊었던 게송이 생각난다. 스님이 그러하거늘 하물며 탐貪·진嗔·치痴의 굴레를 벗어나지 못하는 중생들의 죄 값이야 오죽 클까.

욕망과 이기심, 미움과 원망, 질투와 시기 이 모든 마음 속 더미를 허물고 무궁무진한 사유의 곳간을 지어, 그곳에 배려와 이타심, 관용과 사랑으로 채워 넣어야 하리.

한여름 찜통더위보다 더 답답한 쓰레기 더미들을 바라본다. 저 많은 폐기물들이 이주할 곳은 어디일까? 그중에는 세월이 지나도 썩지 않고 지구의 살에 파고들어 만성염증을 일으키는 나쁜 쓰레기도 존재하리라, 지구에게 미안한 마음이 든다.

부지런한 포클레인 기사의 굵은 땀방울이 뿌려져, 쓰레기 더미는 점점 몸피를 줄이고 언덕으로 평지로 바뀌겠지. 그 다음은 환골탈태의 모습으로 우뚝 서기 위한 숨고르기에 들어갈 테고. 얼마의 시간이 더 흐르면 더미가 있던 자리엔 겉모양새 반지름한 키다리 집들이 빼곡히 들어차, 새 주인을 기다릴 게다.

이렇게 대자연의 순환에 따라 사람이나 집채나 나고 죽고 변하는 게 세상 이치인 듯싶다.

고욤나무와 감나무

명절이나 집안 제사가 돌아오면 곶감을 먹을 수 있다는 생각에 마음이 들뜨곤 했었다. '염불보다 젯밥'이라고 제사보다 먹을거리에 관심이 더 갔던 철부지 시절, 상을 물리고 음복시간이 되면 제일 먼저 곶감으로 손이 갔었다. 붉은 태양 빛깔로 잘 익은 열매를 주렁주렁 달고 있는, 감나무 한그루 서 있는 마당이 얼마나 부러웠던지. 어른이 된 지금도 감과 곶감을 즐겨 먹지만 옛날 먹던 그 맛이 아니다. 변화의 물결은 생태계에도 큰 영향을 미친다. 과수 품종도 많이 개종되어 토종을 찾아보기 힘든 세상이 되었다. 감나무열매도 요즘엔 개량종인 단감이 더 많이 눈에 띈다. 제때에 거두어들인 과일을 제철에 먹는 것이 제맛인데, 요즘은 제철과일이란 말이 무색할 정도로 철없는 세상이 되어가고 있다. 과수농가마다 적정 온도를 유지할 수 있는 저장고나 장기간 보관이 가능한 급속 냉동시설도 갖추어져 있어 제철 비철이 따로 없다. 홍시나 반시도 여름에 먹을 수 있고 수박 같은 여름과일을 겨울에도 만날 수 있으니 참으로 요술 같은 세상이다.

어린 시절에 먹었던 빛깔 좋은 월하감이 생각난다. 가을 하늘이 내려준 태양 볕을 몰래 숨겨 놓은 듯, 농익은 주먹감 얼굴엔 볼그레한 수줍음이 담겨 있었다. 잘 익은 월하감을 옷깃에 쓱쓱 문질러 한 입 크게 베어 물면 행복의 단물이 가득 고이곤 했다.

얼마 전, 서울 목동에 갔다가 요즘 보기 드믄 고욤나무 한 그루를 발견했다. 옛 친구라도 만난 듯 무척 반가웠다. 어릴 적 이웃집에 고욤나무가 한 그루 있었다. 단단하던 열매가 늦가을 서리를 맞아가며 나무에서 익어 갈 즈음 고욤을 턴다. 유리구슬만 한 크기의 작은 열매들을 거두어 항아리에 앉힌다. 겨울이 될 때까지 긴 숙성기간을 거치면서 떫은맛이 사라지고 달콤한 과즙이 배어나와, 수많은 고욤 씨와 범벅이 된다. 고욤나무집 안주인은 한 보시기씩 퍼 담아 이웃에 돌렸다. 긴긴 겨울밤, 입이 궁금해지면 양 볼이 터지도록 고욤을 물고 오물오물 씨를 골라내기 바빴던 유년의 기억이 아련하다. 과육보다 씨가 더 많이 들어있는 고욤, 그래서 과일 축에도 못 끼는 것일까? 어쨌거나 열매를 품고 있으니 과실나무가 맞는 것 같긴 하다. 고욤나무는 감나무과에 속하는 낙엽 활엽 교목으로 오월에 꽃이 피고 시월에 열매가 익는다고 한다. 소시小□ 라고 표기된 것으로 보아 틀림없이 감 종류에 속하는 열매다. 그러나 감처럼 과일 대접을 받지 못하는 쓸모없는 감이다. '고욤 일흔이 감 하나만 못하다.'는 속담이 있다. 자질구레한 것이 아무리 많아도 제대로 된 것 하나만 못하다는 얘기리라.

나 또한 고욤 같은 존재가 아닐는지, 세상에 나왔으면 누군가를 위해 달콤한 과육 속에 행복을 담아 전해주는 감처럼 살다 가야 하는 건데….

애당초 고욤나무로 태어났다 해서 계속 고욤나무로 살아가야 하는 건 아니리라. 당당하고 튼실한 열매의 감나무로 변신할 수도 있기 때문이다. 고욤나무 주지에 상처를 내고 그 자리에 감나무 가지를 접붙여 두면 시간이 흐르면서 새살이 돋아나 감나무가 된다. 이는 환골탈태의 큰 아픔을 이겨낸 보상이 아닐까? 사람도 마찬가지일 거라는 생각이 든다. 생살이 찢기는 고통과 시련의 과정을 통해 아픈 만큼 성숙한 자아를 발견하게 되리라. 고욤나무가 감나무로 다시 태어나기 위해 긴 시간 인내와 기다림으로 상처를 보듬어 안았듯이, 작은 나에서 큰 나로 거듭 나기 위해선 특단의 노력이 필요하다. 희망과 꿈을 놓지 않고 그 꿈을 실현하기 위해, 강인한 도전정신으로 세상의 거센 바람과도 맞서야 하리라. 고난 속에 피어난 꽃이 더 아름답듯이 역경을 딛고 일어선 사람에게선 바람꽃 향기가 짙게 묻어난다.

나는 고욤나무일까, 감나무일까, 아직 대접 받지 못하는 고욤나무라면 과감히 대수술의 고통을 치르더라도 접붙이기에 성공하고 싶다. 큰 그늘을 드리워 시원한 쉼터를 제공하고, 가을이면 속살 꽉 찬 노을빛 열매로 뭇사람들에게 달콤함을 퍼주는, 나는 감나무이고 싶다.

진드기 소동

여름 한철 숲 속은 생태의 보고다. 덩치가 큰 야생 동물에서부터 아주 작은 미물에 이르기까지, 먹고 먹히는 먹이사슬의 질서에 순응하며 그들은 조용히 자연을 지킨다.

인간의 욕구를 채우기 위한 물질문명의 끝없는 질주는 조화롭게 유지되어 오던 지구의 온도까지 끌어올려 자연생태계에 많은 영향을 끼치고 있다. 우리 땅을 지키던 생물들이 점점 줄어들고 그 이름도 생소한 귀화생물의 개체수가 늘어나고 있는 게 현실이다. 늦은 봄에서 여름 사이 주의보가 내려진 살인진드기나, 가을철 혈관염을 일으키는 쯔쯔가무시 같은 해충들도 언제부턴가 우리 곁에 버젓이 공존하고 있다. 산을 찾는 이들과 농민들은 그들의 해코지에 노출되지 않도록 미리 대비할 일이다.

광덕산은 이름 그대로 품이 넓고 덕이 있는 산이다. 도시생활에 지친

이들을 사철 받아들여 삶의 찌든 때 훌훌 벗게 하고 신선한 공기로 속을 맑혀준다. 산은 겸손을 배우게 한다. 장엄한 대자연의 풍광 앞에 한 점 티끌에 불과한 존재가 나 자신임을 알아차리고, '지금부터 산에 들겠습니다.' 하는 공손한 마음 자세로 한 발 한 발 옮겨 놓아야 하리라.

금번 산행 코스는 무더위도 식힐 겸, 시원한 계곡으로 정해졌다. 광덕사 후미를 휘돌아 능선을 타고 한참을 내려오다 보니, 한쪽은 숲이 무성한 산이요 다른 한쪽은 들로 이어진 계곡이 나타났다. 크고 작은 바윗돌과 어깨를 부딪치며 내닫는 시원한 물소리가 먼저 우릴 반긴다. 무거운 배낭을 집어던지고 맨발의 자유를 만끽하며 물살의 촉감에 취해본다. 새소리 물소리 들으며 맑은 공기 섞어 입에 넣는 점심밥은 임금님 밥상 부럽지 않다. 경치 좋은 곳, 맛난 음식 앞에선 왜 가까운 사람들이 먼저 떠오를까?

이 무더운 날, 집에만 갇혀 아기 엄마 노릇 하느라 진땀 빼고 있을 막내딸에게 눈이라도 식히라고 시원한 계곡 사진 한 장 카톡으로 날려본다. 광덕산의 맑은 기운 한 보따리 퍼 담아서….

다슬기, 가재도 살고 있다는 일급수 맑은 물에 자신의 내면을 비쳐본다. 탁류에 휩쓸려 정신없이 떠밀려온 자신의 일그러진 모습이 물보라 속으로 사라진다. 이승에서 살아온 모습을 그대로 볼 수 있다는 천상의 명경明鏡에 비칠 내 모습은 어떨까.

두고 오기 아까운 쉼터지만 서둘러 하산 채비를 하고 발길을 돌려야 했다. 한적한 산길을 터덕터덕 해찰하며 내려오다 충영蟲癭이라는 개다래 열매를 만났다. 울퉁불퉁 못생긴 그 열매 속에 벌레가 산다 하여 이름이 충영이란다.

친구네 집에 먼저 도착하여 등짐을 풀었다. 그 귀하다는 충영으로 약술 담그기 체험을 같이 해 볼 참이었다. 유리병과 담금주를 준비하고 개다래 열매를 하나하나 손질하느라 꽤 시간이 흘렀다. 일을 마무리하고 늦은 저녁 집으로 왔다. 이왕 땀에 젖은 몸이니 집안일 다 해놓고 목욕을 하리라 마음먹었다. 잠자기 직전 시원한 물바가지 세례를 받으며 한낮의 열기를 말끔히 씻어냈다. 쉽게 누리는 이 소소한 행복이 자연에서 온 것임을 때때로 잊고 살진 않았는지, 잠시 사유의 언저리를 서성이며 동네 우물에서 물짐 지어 나르던 새댁시절을 떠올렸다. 물 한 바가지의 소중함을 몸으로 느끼는 순간이었다. 비누질한 몸을 헹구고 손으로 남은 비눗물을 훔쳐내는데 무언가 손에 잡히는 게 있었다. 시야가 미치지 않는 사각지대, 오른쪽 엉덩이 바로 밑에 무언가 찰싹 들러붙어서 떨어지질 않았다. 껌 딱지가 그곳에 붙어 있을 리 없고, 강력 접착제가 묻은 상표 나부랭이일까? 처음에는 대수롭잖게 생각했으나 요지부동, 그 밀착된 힘이 어찌나 센지 덜컥 겁이 났다. 무언가 살 속 깊숙이 박힌 느낌이었다. 순간 불길한 예감이 머리를 스치고 지나갔다. 혹 5~8월 사이 주의보까지 내려진 살인진드기가 아닐까? 우선 내 몸과 이 물체를 분리시키는 게 급선무였다. 있는 힘을 다해 잡아 당겼다. 그래도 쉽게 떨어지지 않았다. 엄지와 검지에 힘을 주어 나사못을 돌려 빼듯 비틀어 꼬면서 잡아 당겼다. 피부에 구멍이 날 정도로 세게 잡아 당겼더니 그때서야 백기를 들고 내 몸에서 빠져나와 실체를 드러냈다. 옴지락옴지락 살아 움직이는 게 아닌가! 쌀벌레 보고도 잘 놀라는 나는 그때부터 가슴이 마구 뛰었다. 그와 맞대면해서 살펴보아야 다음 대책을 세울 수 있으니 외면할 수도 없었다. 설마가 혹은 상상이 그대로 현실이 된다면 나는 어찌될까. 119를 불러야 하나?

마음을 다잡고 떼어낸 물체를 세면대 위에 올려놓았다. 직경 5미리 정도의 둥글납작한 몸통에 뾰족하고 긴 턱인지 입인지 달려 있고, 여덟 개의 긴 다리가 버둥거리고 있었다. 등 쪽은 갈색, 배 부분은 약간 붉은빛도 돌았다. 처음 보는 벌레였다. 살인진드기가 맞는다면 혈관을 타고 독이 서서히 퍼지면서 몸에도 이상증상이 나타나지 않을까? 불안과 걱정은 점점 불어났다. 누군가에게 이 상황을 알려 도움을 청해야 했다. 늦은 시각이지만 상황이 급박하니 어쩌랴! 실례를 무릅쓰고 침착하게 전화를 걸었다.

다도문화원 원장이시고 산행을 함께한 그분께 자문을 구하기 위해서다. 차분하게 설명을 해 주며 나를 안심시켰다. 살인진드기는 몸통이 빨갛고 물린 자리에 시꺼먼 피딱지가 생긴다고 했다. 그러나 증상 없이 6~14일의 잠복기를 거칠 수도 있으니 잘 살펴 대처하라고 조심스레 일렀다. 잠복기라는 단어가 머릿속을 시끄럽게 했다. 게다가 모기 물린 자국처럼 빨간 선홍색 반점이 몸속 여기저기 돋아나 의심을 키웠다. 진드기의 독성이 드디어 피부표면으로 퍼지고 있는 게 아닐까? 자발스런 생각이 상상의 꼬리를 물었다. 모두가 잠든 밤, 어찌 손을 써야 할지 난감하기만 했다.

힘들고 어려울 때 고통을 함께 나눌 수 있는 친구, 서럽고 답답한 속마음까지도 털어 놓을 수 있는 친구가 있다는 건 인생에 큰 버팀목이 된다. 함석헌 시인의 '그 사람을 가졌는가?'를 떠올리며 A친구에게 전화를 했다. 누가 옆에 있어만 줘도 힘이 될 것 같았다. 놀라서 한걸음에 달려온 친구가 차분하게 인터넷 검색으로 사진과 실물을 대조해보고, 물렸을 때의 증상도 빠짐없이 읽어 내려갔다. "아닌 것 같아요, 선생님." 그 말에 전적으로 수긍할 수 없었다. 색깔과 생김새가 꼭 닮아있어서다. 생포해 놓은 벌레를 다각도로 촬영하고 엉덩이 물린 자국도 폰에 담아 원장님이 확인하도록 자료를 보냈다. 나 스스로는 할 수없는 일이었다. 자신의 안위安危는 생각할 겨를 없이, 위험한 밤길을 달려와 옆에서 걱정해준 친구의 우정이 믿음으로 다가왔다. 나도 그에게 '그 사람'이 될 수 있을까?

포로가 된 진드기와 동침했던 그 밤이 악몽처럼 생생하다. 주위 사람들까지 놀라게 하고 긴장시키는 큰 소동을 벌이긴 했지만, 병원 문을 두드리지 않은 것만도 다행이다. 무심코 지나쳤던 다른 해충이나 진드기에 대한 정보도 어느 정도 알게 된 건 득이라 할 수 있겠다. 진드기 종류에는 작은소참진드기라고도 불리는 살인진드기, 야생진드기, 소참진드기,

풀밭진드기, 털진드기, 집먼지진드기 등 크기와 모양도 다른 여러 종류가 있다는 걸 처음 알았다. 내가 만난 진드기는 착한 풀밭진드기가 아니었나 싶다. 살인진드기에 물리면 중증열혈성혈소판 손상으로, 사망에 이를 수도 있다는 인터넷정보를 접하니 간담이 서늘했다. EM으로 만드는 진드기 퇴치제를 몸에 뿌리고 산행을 하는 것도 한 방법이리라. 백두산에서 매일 약초를 캔다는 조선족 일행의 경험담에 의하면, 생파를 몸에 지니거나 먹으면 진드기가 붙지 않는다고 했다. 근거가 있는 얘기인지는 잘 모르겠다.

풀숲의 작은 생명체 하나가 때로는 사람을 공포에 몰아넣기도 한다. 그저 인간의 발밑에 존재하는 미물이라고 무시해선 안 될 일이다.

내 안에도 진드기의 속성처럼 찰싹 들러붙어 떨어질 줄 모르는 나쁜 습관이나 관념, 원망이나 미움 같은 건 없는지…. 그 쓸모없는 것들을 찾아 삭제하려고 노력은 하고 있는지, 찬찬히 되새겨 보는 기회로 삼아야 하겠다.

지구시민으로 살기

《나는 120살까지 살기로 했다》, 제목부터가 눈길을 끌었다. 대개의 독자들이 눈을 크게 뜨고 놀라운 표정으로 이 책을 집어 들게 되지 않을까? 백세도 아니고 백이십 세라니, 황당할 만큼의 큰 숫자가 아닌가!

저자 역시도 독자의 의문을 예견하고 이 책을 쓴 이유를 머리말에서 밝히고 있다. "120살 수명을 보장하는 장수 노하우를 알려주기 위해서가 아니라, 당신이 120살 인생의 가능성을 진지하게 받아들여 120살까지 살고자 하는 이유와 목적을 발견하고, 그 마음을 내도록 영감을 주기 위해서"라고. 그리고 당신이 인생의 어느 시기에 있든, 인생을 건강하고 행복하고 의미가 충만한 '완전한 삶'으로 만들 수 있다는 희망을 주고 싶다고도 했다.

저자에게는 큰 꿈이 있었다. 세계적인 명상가이자 뇌교육자, 평화운동가인 그의 꿈은 지구 전체가 진정으로 하나의 마을, 얼스빌리지가 되는 것이었다.

그는 몇 년 전 뉴질랜드 북섬에 있는 작은 도시 케리케리에서 하나의 프로젝트를 시작했다. 47만 평 규모의 아름다운 숲에서 인간과 자연이 어우러져 생활할 수 있는 지구마을을 건설하는 것이었다. 수백 명의 사람들이 몇 주에서 몇 달간씩 머물면서, 자립적이고 자연친화적인 라이프 스타일을 체험할 수 있는, 주거형 학교와 커뮤니티를 조성하는 것이었다. 바로 얼스빌리지Earth Village프로젝트다. 지금까지 개척해 온 길을 잘 닦아서 뒤에 오는 사람들에게 힘과 용기와 희망을 주는 새로운 삶의 길을 남겨주고 싶다는 열망을 품었다. 그리고 그 프로젝트를 책임지고 완성하기 위해 120세까지 살겠다고 했다. 단지 오래 살겠다는 뜻이 아니라 선택을 통해 삶을 바꾸고, 공동체를 바꾸고, 인류와 지구의 미래를 더 나은 방향으로 바꾸겠다는 의지와 신념의 표현이라 했다. 책장을 넘기며 행간에 숨어 있는 저자의 큰 마음, 지구사랑 인간사랑이 느껴졌다. 120세 선택도 개인의 욕망이 아닌 홍익철학의 공심이었음을 알게 되었다.

장수 인생의 주춧돌은 건강이다. 우선 체력을 단련하는 것은 기본이고, 좋은 생활습관과 뇌를 늙지 않게 하는 뇌 활용법도 터득해야 하고, 마음의 근육도 키워야 하리라. 그리고 무엇보다 시급한 과제는 지구 환경을 원래의 모습으로 살리는 게 아닐까. 자연 환경이 건강해지지 않고서는 인류가 120세의 수명을 누린다는 것은 환상에 불과하기 때문이다. 저자는 오래전부터 범세계적인 지구시민운동연합을 결성하여 지구환경운동을 전개해 오고 있다. 정신문명의 시대가 열리고 1억 명의 깨달은 지구시민이 탄생할 때 세상은 바뀔 수 있다고 그는 말한다.

이 책의 내용 중에는 저자가 개발한 심신수련법 중 누구나 혼자서도 쉽게 따라 할 수 있는 운동법이 소개되어 있다.

체력은 생명, 뇌력은 창조, 무조건 움직이라고 이 책은 주문한다. 하루 앉아있는 시간을 세 시간 미만으로 줄이면 기대수명이 2년 연장된다고 한다. 미국 캘리포니아대학 연구팀이 64세에서 95세 여성 1천5백 명을 대상으로 세포나이를 조사한 결과, 하루 열 시간 이상 앉아있는 여성은 8년 더 빨리 늙는다는 연구결과가 나왔다고 한다. 다리가 바빠야 오래 산다는 말이 있다. 걷기는 뇌에 산소를 효과적으로 공급해 줄 수 있는 좋은 운동법이다. 또한 인체 근육의 30%가 분포되어 있는 다리의 근력을 키우는 가장 손쉬운 방법이다.

자신의 건강과 행복과 마음의 평화를 자급자족하며 인생 후반기를 잘 살고 있는가! 스스로 자문해 본다. 종착역을 향해 달려가는 황혼의 여정에, 후회와 여한이 남지 않도록 어떤 삶을 살아야 할까? 곱게 물든 단풍처럼 아름다운 모습으로, 마지막 계절을 장식하고 떠날 수 있다면 오죽 좋으랴. 좀 더 일찍 이런 화두에 대해 깨우쳤더라면 하는 아쉬움이 크다. 지난 인생 전반기를 진지하게 성찰하고 후반기를 어떻게 성공으로 이끌 것인가를 꼼꼼히 설계하고 준비했어야 했다. 환경과 조건을 탓할 수도 있다. 하지만 꿈과 희망을 놓지 않고 꾸준히 자기개발에 도전하는 삶을 살았다면, 눈부시게는 아니어도 좀 더 당당하게 황금빛 노을로 물들어 갈 수 있지 않았을까.

인생의 지침서와도 같은 이 책은 어느 페이지를 펼쳐도, 스펀지에 물이 스며들 듯 쉽게 가슴에 와 닿는 경전 같다는 생각이 들었다. 1장에서 13장까지, 이미 읽었던 내용이지만 몇 번이고 되풀이하며 정독했다. 마지막 장에 눈길이 머물렀다.

"우리는 지구에 무엇을 남길 것인가."라는 화두에서 현 시대를 사는 지구시민의 한 사람으로 무거운 책임감이 느껴졌다. 요즘 TV화면에서 종종 목격하는 해양쓰레기의 폐해는 심히 충격적이었다. 바다생명체들이 먹이로 알고 집어삼킨 비닐조각과 미세 플라스틱이 그대로 우리의 밥상에 오를 수도 있다는 현실이 두렵기만 하다. 제주도를 비롯한 우리 강산 곳곳에 처리되지 못하고 썩어가는 쓰레기 산이 250여 군데나 된다니 답답한 현실이다. 미래 세대에게 잠시 빌려 쓰고 가는 지구에 우리는 얼마나 더 큰 빚을 지고 떠날 것인가!

우리 노년 세대가 어떤 의식으로 완성을 향한 삶을 살아가느냐에 따라 세상이 바뀔 수 있다고 저자는 역설하고 있다. 노년 인구의 급속한 증가는 사회 전반에 미치는 영향력 또한 크기 때문이다. 평생 축적한 노인들의 지혜는 공동체를 위한 사회적 자원으로 활용되어야 하지 않을까. 자연을 닮아가는 삶, 나누고 베푸는 삶, 더 나은 지구환경을 남기고 가기 위한 삶. 이런 것들이 새로운 노인문화로 자리매김해야 하지 않을까 생각하게 한다.

"우리가 이 지구에 와서 키우고 돌보아야 할 대상은 비단 내 가족만이 아니라 우리가 속한 공동체와 지구, 자연도 그 대상일 수 있다. 지구라는 우리 집이 더 안전할 수 있도록, 그곳에 사는 우리 식구들이 더 행복할 수 있도록 노인 세대들이 먼저 깨어나서 행동해야 한다. 그래야 오늘의 지구보다는 더 건강하고 평화로우며 지속 가능한 지구를 남기고 갈 수 있을 것이다." 절절히 공감이 가는 대목이다.

"사람은 에너지로 이루어진 생명체이다. 때문에 끊임없이 에너지를 공급 받아야 살 수 있다. 사람이 가공해 낼 수 없는 완전한 에너지는 자연에서 얻어진다. 우리의 입으로 들어오는 음식과 물은 땅에서 받은 에너지이고, 공기와 햇빛은 하늘에서 받은 에너지이다. 하늘과 땅의 에너지 없이 우리 인간이라는 생명체는 단 10분도 생존할 수 없다. 10분만 숨을 안 쉬어도 죽기 때문이다." 이렇듯 모든 생명체의 근원이 자연에 있음을 깨달은 선인들은 큰 의미의 부모, 천지부모라 여겨 하늘과 땅을 으뜸으로 섬겼다. 육체의 부모가 자녀들이 서로 화목하게 살기를 바라듯이, 천지부모도 우리가 지구상의 다른 모든 생명체와 조화롭게 살아가기를 바라고 있으리라. 우리는 특정 국가나 인종, 종교에 속한 구성원이기에 앞서 지구의 시민이라 말할 수 있다. 우리를 하나로 이어주는 공통분모는 지구라는 행성 위에 함께 살고 있는 인류라는 점이 아닐까.

우리 모두에게는 지구시민의 마음이 있다. 자신뿐만 아니라 다른 사람과 생명들이 모두 건강하고 행복하기를 바라는 마음, 나아가 더 나은 세상을 만드는데 조금이라도 기여하고 싶은 마음이 있다. 그런 마음을 드러내어 실천하는 것이, 지구를 살리는 지구시민의 생활이라는 것을 이 책을 통해 깊이 자각하고 반성한다.

코로나 단상 1, 2

1. 이산가족의 아픔

코로나19라는 아주 작은 미생물이 쓰나미처럼 밀려와 세계의 도시를 점령하고 있다. 국가 간 교역이 끊기고 많은 도시들이 봉쇄되었다.

코로나통합뉴스룸에서 발표하는 국내 신규 확진자 상황에 따라 늘어나는 숫자만큼 불안지수도 상승한다. 전쟁 영화에서나 봄직한 참혹한 광경이 가슴을 먹먹하게도 했다. 수많은 코로나 희생자들이 가족의 배웅도 못 받은 채, 차디찬 구덩이 속으로 쓰레기처럼 매장되는 해외 뉴스를 목격했기 때문이다. 이게 보이지 않는 적과의 세계대전이지 싶다. 전염병 역사상 네 차례의 팬데믹이 선포된 적은 있지만, 이번 코로나19처럼 빠른 전파력으로 세계 확진자 수 8월 현재 2천6십만 명 이상을 기록한 건, 백년에 한 번 있을 보건 위기라 한다. 지구를 만든 건 창조주이겠지만 지구를 경영하고 가꾸는 주인은 만물의 영장인 인간임이 자명한데, 이러다

가는 코로나에게 주인 자리를 내어주는 건 아닌지 우려 섞인 상상도 하게 된다.

앞으로 닥쳐올 포스트 코로나시대에 대한 대처도 큰 과제로 남는다. 모든 면에서 코로나 이전으로 온전히 되돌려 놓기란 어려울 거라는 예측이다. 국가적 사회적 변화가 불가피한 미래의 시스템에 어찌 적응해야 할지 걱정이 앞선다.

이번 코로나 사태를 겪으면서 몸과 마음이 극도로 나약해졌다. 건강염려증에다 우울증마저 비집고 들어와 평상심을 잃게 만들었다. 바쁘게 사회활동을 하며 외부로 쏠려 있던 몸의 시계가 갑자기 멈추게 되니 방전된 기계처럼 무기력해진 탓이리라. 기저질환자나 나이 든 어르신들에게 치명적이라는 경고가 생활반경을 위축시키고, 외부와의 교류도 단절시켰다. 몸과 마음 모두 좌판 위에 축 늘어진 생선 어깨처럼 생기를 잃었다. 인생 팔십이 코앞이니 어찌 팔팔하기를 바랄까마는, 여생은 이런 환란 없이 자연의 순한 바람 타고 적당히 흔들리는 나무처럼 살다 가고 싶은 마음 간절하다.

'사회적 거리 두기' 사람과 사람 사이에 보이지 않는 장벽이 언제쯤에나 허물어질 것인가! 보고 싶은 얼굴들 못 보고 가고 싶은 곳 맘대로 못가는 코로나 세상이 곧 지옥이지 싶다. 손주 얼굴 보고픔을 참는 일이 형벌 아닌 형벌이다. 분단의 역사 속에 길고 긴 세월 이산가족으로 살아가시는 어르신들의 고통을 조금은 알 것도 같다.

코로나19가 빨리 종식되고 평화로운 일상이, 장마 뒤 반짝 얼굴 내미는 해님처럼 우리 곁에 찾아오길 간절히 기도해본다. 그날이 오면 제일 먼저 부산행 KTX를 탈 일이다. 손주 녀석이 얼마나 더 컸는지 머릿속에 그려보며 상봉의 기쁨을 씽씽 달리는 고속 철길 위에 마구 뿌려 보리라.

2. 마음을 치유하는 녹색처방

혜민 스님의 《고요할수록 밝아지는 것들》 중 한 대목을 떠올려 본다.

> 삶이 바쁘고 힘들수록
> 나에게 고요함이라는 특별한 선물을 주세요.
> 하던 일을 잠시 멈추고 눈을 감고
> 몸이 지금 어떻게 느끼는지, 마음이 지금 어떤 말을 하는지
> 한 발짝 떨어져서 거울처럼 비춰보세요.

몸과 마음의 촉이 온통 바깥세상 안테나에 맞춰져 있는 현대인들의 바쁜 일상은 만남의 연속이다. 일과 만나고 사람과 만나고 IT기기와 만나지만 자기 자신과 만날 시간은 거의 없다. 나도 그랬다. 괜히 바쁜 척 왔다 갔다 하며 실속 없이 하루해가 저물곤 했다.

코로나가 불청객으로 이 땅에 스며들어와 동거한 지도 반년이 넘었다. 처음에는 무인도에 갇혀 지내는 자연인의 모습을 하고 살았다. 외출할

일 없으니 거울과 멀어졌다. 머리 손질도 미루고 얼굴에 분칠할 일 없어 화장품 용기 위엔 먼지만 쌓여갔다. 호흡기 바이러스 유행병이 계절을 잃어버리게 할 만큼, 이리 오래갈 줄은 상상도 못했다.

집에 머무는 시간이 길어지면서 외롭고 지루하고 갑갑해서 투정도 불쑥 일곤 했지만, '인내심을 키우자, 무언가 이 기회에 할 일을 찾아보자.' 스스로 마음을 다잡아보기로 했다. 그러나 무기력에 빠진 탓에 곧바로 실천으로 이어지진 않았다. 그렇다면 우선 몸이 지금 어떻게 느끼는지, 마음이 지금 어떤 말을 하는지 들어보기로 했다. 규칙적으로 하던 운동을 멈추고 무절제한 생활이 지속되다 보니 몸 상태가 말이 아니었다. 어깨, 허리, 관절 등의 유연성이 떨어져 스트레칭이 제대로 되지 않았다. 마음이 잔뜩 긴장된 상태에서는 근육이 이완될 수 없으니 당연하다. 자고 일어나면 여기저기 아픈 곳이 생기기 시작했다. 드디어 몸이 말을 걸어오는 것 같았다. 몸속 구석구석 혈穴이 막힌 것이리라. 건강의 첫 번째 원리는 '통하라'이다. 몸과 통하고 마음과 통하는 것! 그러려면 우선 파도처럼 요동치는 생각과 감정을 끊고 고요한 명상상태로 마음을 가라앉혀야 하리라. 명상이란 내 마음이 몸에 머물도록 집중하는 일이다. 목운동을 할 때 마음은 콩밭에 가 있고 물리적으로 목만 돌린다면 운동효과는 크지 않다는 것이다. 의식을 목에 집중하고 운동을 해야 효과를 기대할 수 있다. 심기혈정心氣血精이라는 원리가 있듯이 마음이 가는 곳에 기가 존재한다는 원리다. 그동안 바깥세상 정보에 온통 마음을 빼앗겨 건강 원리를 잊고 방심했던 자신을 뒤늦게야 바라보게 되었다. 그리고 근심 걱정 불안 등 마음의 불편함이 몸속 이곳저곳에 독소 물질을 만들어 낸 것이 아닐까 생각되었다. 우리의 몸과 마음은 하나로 연결되어 있어서 어느 한쪽이 아프면 따라서 아프게 되는 이치이리라. 내 몸속 순환을 돕고 활기를 불어 넣어줄 밝은 에너지가 필요한 때임을 알아차리게 되었다. 마음속에 드리운 어두운 에너지의 커튼을 걷어내고 밝은 에너지로 활력을 되찾는 일이 시급함을 깨닫는다. 마음을 치유하는 녹색처방, 숲명상의 장소를 찾아보기로 했다. 이렇게 어려울 때일수록 나에게 고요함이라는 특별한 선물을 주라 하지 않았던가! 그 속에서 밝아지는 것들을 만날 수 있지 않을까? 그래, 일어서 보자. 축 늘어진 고무줄마냥 생활에 탄력을 잃고 무기력해진 코로나블루 현실을 극복해 보자.

걸어서 오가기 적당한 거리에 있으면서 오르막이 순한 태조산이 생각났다. 십수 년 전 새벽마다 오르내리던 추억의 장소이기도 하다. 운동 나온 사람들을 모아 산 중턱 평평한 장소에 터를 잡고 3년간 새벽운동을 지도했었다. 시민들에게 생활체육을 보급하기 위해 열정적으로 활동했던 그 때가 되돌아가고 싶은 꽃중년 시절이 아니었을까.

천천히 걷기명상을 해도 좋을 만큼 조용하고 낯익은 길이다. 자연이 주는 맑은 산소와 피톤치드를 공짜로 대접받는다 생각하니 고맙기 그지없다. 미세먼지, 매연 등 각종 공해에 시달리던 폐에게 조금은 빚을 갚는 기분이 들어 흐뭇했다. 아침먹이를 찾아 나선 새들의 청아한 목소리가 귀를 씻어내고, 파란 하늘을 이고 당당하게 허리를 세운 소나무 숲이 눈을 밝힌다. '솔향기길'이라는 이름표를 달고 손짓하는 오솔길 한편에는, 파도가 다듬어낸 동글동글한 몽돌들이 맨발의 체온을 기다리고 있다. 조금 더 올라가면 팔각정 전망대가 있고 오른쪽으로 돌아 계단을 따라 가다보면 '해맞이 장소'라 이름 붙여진 작은 마당이 터를 잡고 있다. 거기서 오솔길 따라 조금만 더 가면 왕자봉이 나온다. 해찰하며 그리 급하지 않게 왕자봉까지 다녀와도 두 시간이 채 안 걸린다. 하루 이틀 시간이 쌓이면 헐렁해진 종아리 근육에 힘이 좀 붙지 않을까 기대해본다. 더운 날씨에 마스크까지 숨통을 조여 오는 요즘, 산속에서만큼은 코와 입이 자유의 몸이 된다. 붉게 익은 산딸기의 유혹에도 성큼 다가가 입맞춤할 수 있어 좋다. 숲을 뒤로하고 하산하는 길, 다시 마스크와 한 몸이 된다. 마스크 없이 거리를 활보할 수 있는 평범한 일상을 온 국민이 염원하고 있지만, 세계적 동향으로 보아 그리 희망적이지 않다.

전염병 역사상 초유의 큰 상처를 남긴 코로나19! 전 세계를 뒤흔들어 혼란의 도가니에 빠뜨린 작지만 무서운 존재! 이제는 제발 녹색의 지구별을 조용히 떠나다오. 네가 안겨준 상처를 치유하기 위해 오늘도 나는 숲으로 간다. 고요가 기다리는 숲으로 간다.

3부
가족은 내 삶의 버팀목

날개

아파트 베란다의 달걀판 위에서 새 생명이 탄생하는 기현상이 일어났다. 폭염주의보가 몇 주째 이어지더니 어미의 품속 온도로 착각한 걸까? 병아리가 부화하는 생생한 모습을 TV 화면을 통해 간접 목격했다. 껍질을 깨고 나오는 강인한 생명력을 지켜보며 기분이 묘했다. 신기하면서도 한편으론 걱정도 됐다. 지구 생태계가 열병을 앓고 있다는 사실이 피부로 느껴지는 요즘이다. 온난화로 인한 지구환경 변화가 이대로 지속된다면 앞으로 어떤 일이 더 벌어질까. 한 빙하 전문가는 10여 년 후 북극 얼음이 사라질 거라고 단언했다. 지속 가능한 삶의 터전, 지구 환경을 제자리로 되돌려 놓아야 한다는 우려의 목소리가 크다. 하지만 개인이나 단체 한 국가의 힘만으로는 해결할 수 없는 온 인류적 과제가 아닐까 싶다.

내리꽂히는 태양 볕이 바늘 침처럼 따갑다. 동물도 식물도 버티기 힘든 건 마찬가지인 모양이다. 양식장의 물고기들이 떼로 죽어 나가고 과수와

채소들도 잎마름병 피해로 초록빛을 잃어가는 모습이 안타깝다.

올여름 같은 폭염이 앞으로는 더욱 강세를 부릴지도 모를 일이다. 온실가스로 인한 지구 온도가 날로 상승하고 있기 때문이다. 내 어린 시절에는 들어보지도 못했던 이름, 황사, 미세먼지, 초미세먼지, 오존농도, 자외선 지수 등 신경 쓸 일들이 하도 많아 세상살이가 수월하지 않은 요즘이다.

목 늘이고 기다리던 전화가 왔다.

"오늘 오후 1시쯤 방문할 예정입니다. 괜찮으시죠?"

"네, 오늘 중요한 일정이 있긴 한데 가능한 한 그 시간까지 오도록 하죠."

오늘 설치공사 예약이 두 집이나 더 있어서 시간을 지연시킬 수 없다고 했다. 중요한 일이 겹쳐서 마음이 복잡해졌다. 큰딸이 3주 전에 신청해 놓고 학수고대하던 에어컨 설치공사가 오늘에야 이루어질 모양이다. 마침 오늘은 큰딸 대학원 학위 수여식이 있는 날이다. 공식 행사를 마친 후 간단하게 점심을 먹고 서둘러 온다고 해도 빠듯한 시각이었다.

마음이 급했다. 미리 전화로 예약한 축하 꽃다발을 챙겨 딸애와 학교로 향했다. 교문 앞에는 반짝 등장한 꽃장수들의 행렬이 졸업식장임을 말해주고 있었다. 교정에 들어서니 잘 자란 나무들이 펼쳐 놓은 초록 그늘 아래, 하객들이 밝은 표정으로 담소를 나누고 있었다. 신성함이 묻어나는 캠퍼스! 그곳에는 꿈과 열정과 젊음이 불꽃처럼 피어오르는 지성의 낙원 같았다.

석사모를 머리에 얹고 지정된 자리에 앉아 있는 딸의 뒷모습을 눈으로 더듬는다. 마음이 짠하다. 그동안 직장 일에 몰두하면서 대학생 딸 뒷바라지하랴, 집안일 하랴, 제 공부하랴, 얼마나 힘들었을까. 늦은 나이에 용기 내어 석사 학위에 도전한 딸의 열정이 가상스러웠다. 학위 수여식을 마치고 느긋하게 추억사진 몇 컷 찍을 새도 없이 집으로 와야 했다. 집에 도착하여 한숨 돌릴 즈음 에어컨 기사님이 곧 도착한다는 전화가 왔다.

거실 벽 쪽에 에어컨 설치 위치를 정하고 실외기와 연결할 배관 공사에 들어갔다. 벽을 뚫는 작업이 쉽지 않았다. 옹벽이 두껍고 그 안에 굵은 철근까지 들어 있기 때문이었다. 전동기계가 굉음을 내며 집요하게 파고들었다. 열 받아서인지 자꾸 멈춰 섰다. 천신만고 끝에 아기 주먹만 한 구멍이 뚫리고 하얀 붕대를 칭칭 감은 배관이 그 상처 속으로 빨려들어갔다. 그 다음 과정은 일사천리로 진행되었고 드디어 에어컨 시운전에 돌입할 수 있었다. 옹벽이 너무 고집을 부려 설치 시간이 배로 길어지긴 했지만 날이 저물기 전 마무리되어 다행이었다.

38년의 풍상을 고스란히 담고 있는 묵은 집이다. 둔덕진 위치에 자리하고 있어 대체로 시원하고 통풍도 좋은 편이라, 그동안 여름나기에 별 어려움 없이 지냈다. 남서풍이 부는 날엔 맞바람 덕에 선풍기도 바람 날개를 접고 쉴 때가 많았다. 자식들이 에어컨 얘기를 꺼낼 때마다 시큰둥한 표정으로 반대했던 이유도 비싼 전기료 문제도 있지만, 별 필요성을 느끼지 못하고 살았기 때문이다. 그러나 올 여름은 달랐다. 태어나 처음 겪어보는 염천의 날씨가 인내의 한계를 무너뜨리고 말았다. 미동도 하지 않고 가만히 있어도 땀은 온몸을 타고 흘렀다. 선풍기 날개에선 후끈한 열바람만 내뿜어댔다. 하루 네다섯 번씩 목욕을 해야 했고 그 횟수만큼 손빨랫감도 늘어났다. 목욕탕에 머무는 동안은 얼마간 더위를 잊을 수 있었으나 거실로 나오는 순간 찜질방이 따로 없다. 오죽하면 백화점 내 대형 서점으로 피서 아닌 피서를 갔을까. 폭염경보 속 하루해가 더 길게 느껴졌다. 온열병에 쓰러지지 않고 어떻게 하든 하루를 잘 버텨내는 게 그날의 생존 전략이 되었다.

벽걸이형, 아담한 체구의 냉방기는 날개를 접었다 폈다 하며 시원한 바람을 퍼 나르고 있었다. 설산의 한 귀퉁이를 휘감고 내려온 듯한 신선한 바람! 금세 만들어져 나오는 바람이 신통하기 짝이 없다. 이제 더위를 물리쳐 줄 천군만마를 얻었으니 축 처져 있던 날갯죽지에 힘이 실린다.

얼마 전 텔레비전 화면에서 보았던 어미 왜가리의 날개가 생각나는 건 왜일까?

태양 볕을 등지고 선 어미 왜가리가 날개를 활짝 폈다. 옹기종기 모여 있는 아기 새들을 폭염으로부터 보호하기 위해, 위치를 바꿔가며 그늘막을 치고 있었다. 모성애가 물씬 묻어나는 아름다운 광경이었다.

나이가 들면 신체의 모든 기능이 조화를 잃고 쇠퇴해 가기 마련이다. 추위도 더 타고 더위도 유독 더 타게 된다. 무더위에 지치다 보니 입맛도 잃고 기력도 떨어져 힘겨운 여름나기를 하고 있었다. 이런 어미를 위해 큰딸내미가 치사랑의 날개를 폈다. 폭염으로부터 어미를 지키고자, 땡볕 새어드는 허름한 둥지에 그늘막을 쳤다. 탄탄한 울타리로 훌쩍 커버린 자식들의 날개가, 이제는 역할이 전도된 듯 어미의 든든한 보호막이 되어준다. 왜가리의 날개처럼….

보이지 않는 약손

할머니 제사를 모시기 위해 서울에서 아들이 내려왔다. 요 며칠 배가 몹시 아프고 설사가 심해서 제사에 참예할 수 있을지 모르겠다는 귀띔을 받고 내심 걱정이 컸었다. 아들의 건강이 염려되기도 했고 제주祭主가 빠진 제례행사는 조상님에 대한 예의와 도리가 아니겠기에 마음이 쓰이던 참이었다. 기대 반 체념 반 머릿속이 어지럽게 들끓고 있었는데 아픈 몸을 이끌고 내려와 준 아들이 더없이 미덥고 고맙기까지 했다.

귀한 손님을 맞이하듯 일 년에 한번 모시게 되는 제삿날은 분주하기만 하다. 집안을 정결하게 치우고 몸도 마음도 단정히 한 후, 제상에 올릴 음식을 빠짐없이 준비해야 한다. 맛을 내는 각종 양념 대신 정성으로 우린 육탕이며 조물조물 손맛으로 무쳐낸 삼색 나물이며 세 가지 전과 육적도 부쳐낸다. 옛 어른들 말씀이 제삿날은 집안에 기름 냄새를 풍겨야 조상님들이 잘 찾아온다고 믿었단다. 손이 가장 많이 가고 시간도 적지 아니 걸리는 적과 전은 출가한 큰딸 몫이다. 집안 대소사에 빠짐없이 달려와 엄마의 오른손이 돼주는 맏딸은, 든든한 살림밑천이라는 말이 맞는 것 같다. 안방에 제상이 차려지면 지방을 써서 붙이고 음식을 진설하는 일은 작은집 조카와 제주인 아들의 몫이다. 아직도 진설도가 눈에 익숙하지 않은 듯, 가례교본을 펼쳐보며 정중한 자세로 음식이 담긴 목기의 위치를 이리저리 옮기곤 한다. 진설도 제1열에는 과실과 조과造果를 놓는 자리로 그에도 순서가 있다. 조율시이, 홍동백서 또는 두 가지를 섞어서 쓰기도 하는데, 옛날 당쟁이 심할 때 당파별로 가례를 정하여 내려온 세습에 따라 지금도 지방마다 다르다고 한다. 대추는 씨가 하나이므로 임금을 상징하여 첫 번째로 쓰고 밤은 세알이 한 송이로 삼정승을, 곶감은 씨가 여섯 개로 육조판서를, 배는 씨가 여덟 개로 팔도 관찰사를 뜻한다고 한다. 이렇듯 과일 하나하나에도 품격과 서열을 매겨 나라님을 섬기는 상징으로 삼았다는 게 신비롭기까지 하다. 색깔도 다 각각 모양도 향도 각각인 과일들, 그 속에 품고 있는 씨의 개수도 제 각각이다. 이 세상에 존재하는 아주 작은 것에서부터 사람의 시야로는 볼 수도 느낄 수도 없을 만큼 거대한 물상에 이르기까지, 창조주의 배려가 미치지 않은 곳이 없다는 진리를 새삼 느끼게 된다.

배앓이의 고통을 참으며 제례를 끝낸 아들은 음복도 못한 채 자리에 눕고 말았다. 식구들의 걱정이 이만저만이 아니다. 대장 쪽 질병에 가족력이 있어서 내심 불안감이 커질 수밖에 없다. 약을 먹었는데도 전혀 효험이 없다며 맥없이 축 처져 누워있는 모습을 보니 안쓰러워 애만 탄다. 자식의 고통을 대신할 수 없다는 아픔이 모성의 보호본능을 더욱 강하게 흔들어 깨웠다. 세상 모든 어머니들의 기도가 자식과 가족사랑에서 시작되었으리라는 생각이 든다. 작은집 식구들도 돌아가고 사방이 조용해진 집안에 둘만 남았다. 종일 일하느라 피곤하실 텐데 걱정 말고 주무시라고 엄마를 챙긴다.

아픈 아들을 위해서 엄마가 해 줄 수 있는 게 무에 있을까, 마음만 타들어갈 뿐 어찌 손쓸 만한 방도가 떠오르질 않았다. 따뜻하게 덥힌 현미자루를 아들 배위에 올려주며 '오늘은 안방 구들장 매트에서 따뜻하게 하고 자렴.' 하고 자리를 내줄 뿐이었다.

뒷설거지를 하고 나니 자정이 훌쩍 넘었다. 거실 한편에 북어포와 술 한 잔 올리는 것을 잊지 않았다. 혹시라도 시간이 촉박하여 다 못 드셨다면 천천히 더 드시도록 작은 상을 차려놓았다. 약주를 좋아하시던 생전의 시어머니 모습을 떠올리며….

잠자리를 바꾸어 아들 방 침대에서 고단했던 하루를 단잠으로 씻어내고 몇 시간 후 변함없이 찾아온 아침을 맞을 수 있었다. 아들도 지난밤의 고통이 어느 정도 수습이 되었다며 부스스 일어나 탕국에 밥을 말아 떠넣었다.

그래도 언제 또 증세가 재발할지 모르니 마음이 놓이질 않았다. 올라가면 바로 병원에 가서 장 검사를 받아보라 일렀다. 늦은 아침을 먹고 점심 무렵 아들은 제 터전을 향해 철새처럼 훌쩍 떠났다.

저녁때쯤 아들에게서 전화가 왔다. "엄마, 나 아픈 거 다 나았어. 할머니가 약손으로 고쳐 주셨나 봐. 며칠 전부터 아팠던 건 내가 제사를 귀찮게 생각한 벌인지도 몰라, 걱정하지 마세요."

"그래? 고마운 일이구나, 조상님들의 음덕에 항상 감사한 마음 잊지 말아야지, 생전에 할머니께서 손자 사랑이 얼마나 크셨는데."

시어머니께서는 칠 공주나 되는 딸 틈에 무릎이 벗겨지도록 백일정성을 들여 아들을 보셨단다. 그러니 그 기쁨이 오죽 컸으랴, 그 귀한 아들에게서 여섯 해만에 손자를 얻은 날. 감격의 눈물까지 보이시던 모습이 선연하다.

살아계실 때의 마음 그대로 하늘나라에서도 손자를 아끼는 마음 변함없이 사랑의 에너지로 유전자 속에 존재하는 건 아닐까.

시들지 않는 꽃

서울에 사는 아들이 모처럼 내려왔습니다. 세 식구가 각자의 일을 찾아 흩어져 살다 보니, 이산가족이나 다름없답니다. 두엄처럼 삭여온 그리움의 날들에 비해 상봉의 기쁨을 누리는 시간은 아침이슬처럼 짧기만 합니다. 잘해야 하루 이틀 묵어가는 게 고작인데 도착하자마자 아들의 배앓이가 시작되었습니다. 며칠 전부터 간헐적으로 복통증세가 있었는데 약을 먹어도 효험이 없다고 합니다.

자식들에게 맛난 음식 배불리 먹이는 일이 어미가 누리는 유일한 즐거움 중 하나일 터인데, 아무것도 입에 대지 않고 끙끙 앓고 있으니 안타까울 뿐입니다. 어미의 근심은 커져만 가는데, 괜찮을 거라며 젊다는 이유로 호기를 부립니다. '혹여 심각한 병세로 발전하는 건 아니겠지.' 하고 강하게 부정하며 자신에게 들켜버린 방정맞은 생각을 털어냅니다. 어려서부터 과민성 장 질환 증상을 가끔 보이곤 했는데 그럴 때마다, 자식들 건강을 잘 건사하지 못한 것이 어미의 탓인 것만 같아 죄스럽고 안쓰러울 뿐이었습니다. 집에서 손쉽게 할 수 있는 민간 요법 중 하나는 약손으로 배를 쓸어주는 일이었지요. 장기의 모양과 기운의 흐름에 따라 시계방향으로 어루만지듯 쓸어줍니다. 낫기를 바라는 간절한 마음과 정성을 실어 한곳에 집중할 때, 심기혈정心氣血精의 원리로 기와 혈이 순환을 하게 되는데 이것이 약손의 효험이랍니다. 그러나 오늘은 아들이 마다합니다. 새벽 한 시가 넘었으니 엄마도 고단한 하루의 휴식이 필요하다는 겁니다. 하는 수 없이 약손 대신 따뜻하게 데운 현미자루를 배 위에 얹어주고 잠자리로 돌아왔습니다.

먼 유년시절 내 어머님의 모습이 아련히 떠오릅니다. 한국전쟁이 휩쓸고 간 폐허 위엔 상실감으로 무기력해진 국민들의 긴 한숨과, 길이 보이지 않는 막막함만이 펼쳐져 있었습니다. 대다수의 서민들은 목에 풀칠하기도 어려웠던 시절이었습니다. 수수가루로 만든 멀건 죽으로 세 끼니만 챙길 수 있어도 그나마 다행이었습니다. 그런 궁핍한 생활 속에서도 어머니의 광목 앞치마는 늘 하얗게 빛이 났었고 자식 사랑은 열두 폭 치마처럼 넓고 따뜻했습니다. 흥부네처럼 여럿 자식을 거두시느라 손에 물마를 새 없이 일을 하면서도 얼굴엔 미소가 그득 했지요. 품안에 자식들이 희망의 끈이었기 때문일까요? 하지만 그 미소 뒤엔 크고 작은 걱정거리도 숨어 있었지요. 없는 살림에 병이라도 나면 어쩌나 노심초사하며 가족들이 무탈하기만을 빌고 또 빌었지만, 가지 많은 나무 바람 잘 날 없다고 자식들은 번갈아가며 어머니의 애간장을 태우기 일쑤였습니다.

어느 추운 겨울이었습니다. 칼바람이 전선電線에 목이라도 걸린 듯 엥엥 울어대던 깊은 밤이었습니다. 나는 불가마속 열기처럼 훅훅 달아오르는 신열을 견디지 못하고 의식이 가물가물 깊은 수렁으로 빠져들고 있었습니다. 다른 가족들은 깊은 잠에 빠져 있는 동안 어머니는 밤을 꼬박 새우며 내 곁을 지켜 주었습니다. 가까운 곳에 병원이나 약국도 없었고 지금의 119같은 인명 구급차 같은 건 상상조차 할 수 없었던 시절이었습니다. 전후戰後의 경제사정은 극도로 불안정했고 생필품 생산이 여의치 않다보니 구급상비약 같은 것도 구경하기 힘든 때였습니다. 칠흑 같은 어둠이 동네를 통째로 삼켜 버린 듯 적막한 한밤중, 살을 에이듯 매서운 바람까지 합세했으니 속수무책, 어머니의 심정은 까맣게 타들어갈 수밖에 없었습니다.

비몽사몽간 시간은 흐르고 새벽녘이 돼서야 혼미하던 정신이 가까스로 들어 눈을 떠보니, 불덩이 같던 내 이마 위에 얼음덩이 같이 차가운 어머니의 손이 얹어져 있었습니다. 물 사발이 얼 정도로 위풍이 센 허름한 단칸방의 외벽은 성에가 낄 정도로 냉기가 흘렀습니다. 고열로 신음하고 있는 자식을 위해, 어머니는 차가운 시멘트 벽면에 손을 얼려 연신 내 이마에 올리느라 밤을 꼬박 새웠던 것입니다. 냉장고도 없던 그 시절, 어머니의 약손이 얼음주머니, 아니면 해열제 역할을 대신 해낸 셈입니다. 시리고 떨리는 것은 손바닥뿐이 아니었을 것입니다. 어머니의 마음까지도 덜덜 떨리고 있었을 게 뻔합니다. 자식의 고통이 오롯이 당신의 것이었을 테니까요.

100% 순수한 염원을 담아 간절히 기도할 때, 그 정성이 하늘에 닿으면 우주의 정기와 만나 그 소원이 이루어진다고 합니다. 악몽 같던 어둠의 터널을 빠져나와 맑은 아침햇살을 맞이할 수 있었던 건, 내 어머니의 뜨거운 사랑과 조건 없는 희생 앞에 병마도 더 이상 버틸 수 없었던 게 아닐까 싶습니다. 어린 마음에도 가슴 뭉클한 뜨거운 사랑을 느끼는 순간이었습니다. 비록 가난하지만 이런 어머니를 가진 나는 세상 그 누구보다 행복한 아이라고 생각하며 마음 넉넉하게 자랄 수 있었습니다.

퍼내고 퍼내도 줄지 않고 흘러넘치는 샘물처럼 어머니의 사랑은 한량없습니다. 가시고기처럼 자신의 살을 모두 내어 주고도 모자라 합니다. 세상에서 가장 아름답고 영원히 시들지 않는 꽃이 있다면, 그건 아마도 어머니의 마음 밭에서 피어나는 사랑꽃이 아닐까요?

은하수에 띄우는 편지

이곳은 가을이랍니다. 당신 없이 맞이하는 스물일곱 번째 가을이지요. 서창으로 보이는 해묵은 은행나무가 친절하고도 정확하게 계절을 안내한답니다. 봄이면 산뜻한 연녹색으로 희망의 밝은 빛을 선사하고, 여름엔 무성한 나뭇잎들이 녹음 잔치를 벌이며 뜨거운 태양 볕에 열매를 키웁니다. 가을이 되면 품고 있던 모든 것들을 보시하고, 빈 몸으로 동안거冬安居 수행에 들어갈 채비를 하지요. 제 할일 다 끝낸 은행잎들은 때를 알아 스스로 길을 떠납니다. 귀공자의 자태로 황금빛 의상을 차려입고 우르르 지상으로 내려오지요. 얼마동안은 생기 있는 모습으로 사람들의 발길을 포근히 감싸주지만, 무서리가 내리고 겨울이 가까워오면 저 은행잎들도 축축한 흙으로 돌아가 생명의 밑거름이 되겠지요.

지금은 11월입니다. 내 생애 가장 잔인한 달이기도 하죠. 당신을 만나 연분을 맺은 것도, 백년가약의 성스러운 예를 올린 것도, 하늘이 무너져 내리는 비통함을 안기고 당신이 황망히 먼 길 떠난 것도 11월이었으니까요. 이십칠 년 전 이맘때가 주마등처럼 스쳐갑니다. 잘 다니던 직장을 그만두고 이젠 좀 편히 지내라는 당신 뜻을 고맙게 받아들여 사표를 낸지 석 달 만이었습니다. 새 아파트로 이사도 했고 아이들 돌보며 그동안 소홀했던 주부의 역할도 제대로 해볼 참이었죠. 초원 위에 펼쳐질 단란한 스위트홈을 꿈꾸며 느긋한 행복감에 젖을 수 있었던 짧은 기간이었습니다.

그날은 미국에서 아폴로 1호 발사 이후 두 번째 우주선 발사를 TV로 중계하는 날이었죠. 먼저 침상에 들면서 우주선 발사할 때 꼭 깨우라는 부탁의 말을 흘리고는 영영 돌아오지 못할 꿈길로 가셨습니다. 아마도 그때 그 우주선에 가뿐히 날아올라 은하수 너머 하늘나라 여행길에 오른 건 아닌지 모르겠습니다.

그곳은 어떤가요, 꽃 피고 새 우는 호시절만 있나요? 아예 계절 같은 건 오고 가지도 않는 멈춘 시간만 존재하나요. 그렇다면 당신은 지금도, 아니 앞으로도 서른여섯 새파랗게 젊은 모습 그대로일 텐데, 세월의 골이 깊게 파인 이 얼굴을 알아볼 수나 있을는지요. 이승에서의 이십칠 년이 얼마 만큼인지 그곳에선 계산이 안 될지도 모르겠네요. 그러니 그동안 어떤 일들이 있었는지 궁금하지도 않을 겁니다. 그래도 나는 편지를 쓰려 합니다. 고해야 할 일들이 너무도 많거든요.

"당신은 애기 같아서 나 없이는 하루도 못살 거야."

돌아가시기 며칠 전 식탁을 마주하고 앉아 하신 말씀 기억이나 하는지요. 그처럼 못 미더워 하던 나를 두고 어찌 그리도 쉽게 발길이 떨어지던가요. 아무런 생존 대책도 없는, 여린 풀잎 같은 나를 네 식구의 가장으로 내몬 당신 덕분에 억새풀처럼 강해질 수밖에 없었답니다.

직장 상사의 도움으로 이듬해 복직을 할 수 있었고 세 아이들 교육도 무난히 마칠 수 있었지요. 직장과 집을 오가며 정신없이 앞만 보고 달려온 시간들은 빠르게 흘러갔답니다. 당신이 해결했어야 할 문중 일로 우여곡절도 겪어야 했지만 이젠 다 지난 과거사로 묻어 버리고 잊으려 합니다.

당신을 잃고 막막할 때, 삶의 터전이 돼준 직장은 8년 전 무사히 정년퇴직할 수 있었답니다. 지금은 그동안 이루지 못했던 작은 꿈들을 소중하게 일구며, 얼마 남지 않은 여생이지만 글 쓰는 할머니로 건재하고 싶은 게 소망이랍니다. 당신의 빈자리가 우주처럼 크게 느껴질 때 위로가 돼준 일기장이 글쓰기의 길잡이가 되어준 게 아닐까 하는 생각도 듭니다.

시간이 멈춰버린 까마득히 먼 그곳에서 이승을 내려다보면 제대로 잘 보일지 모르겠어요. 당신 어깨 위에 폴싹 올라 목마 타던 어린 막내는 서른 남짓 아리따운 처녀로 성장했고요, 당신이 애지중지하던 맏상제는 믿음직한 장년의 사나이가 되었지요. 큰딸은 어느덧 두 아이의 엄마로 동분서주 바쁘답니다. 엊그제가 당신의 27주년 기제사였습니다. 애니메이션 작가로 늘 바쁜 막내는 참석하지 못한 죄송한 마음을 아빠께 전해 달라고 하더군요. 작은집 조카들까지 모두 한자리에 모여 당신을 기렸답니다. 잘 다녀가신 거죠? 당신의 손길이 묻어 있는 이 집을 여태껏 고수해 왔는데 재개발 대상이라네요. 그리고 앞으로는 길 이름과 건물 이름을 딴, 새 주소로 바뀐다는군요. 주소가 바뀌고 건물이 달라져도 우리 집을 못 찾아 헤매는 일은 없을 거라 믿어요. 당신은 걸림이 없는 대자유인이니까요. 이곳 걱정일랑 은하수 강물에 훌훌 던져 버리고, 우주 곳곳 아무데나 갈 수 있는 천상의 날개를 달고, 좋은 곳만 찾아 구경 다니며 편히 지내시길 빌겠습니다.

무자년 가을 지어미 드림.

언어의 향기

'오예, 중국여행!'

태어나 두 번째로 주어진 외국여행에 기꺼이 찬조와 응원을 보내온 딸의 메시지다. 꽃보다 환한 미소가 눈으로 들어와 가슴으로 전해진다. 온라인통장에 찍힌 숫자의 크기와는 상관없이 마음 한가득 뿌듯함이 차오른다. 기쁨도 잠깐, 뒤따라온 아린 통증은 무엇일까. 자식에 대한 애잔함이 물안개처럼 깔려 있는 어미의 속마음이리라.

딸아이는 전문직 프리랜서로 일하면서 수입의 일부를 꼬박꼬박 엄마 통장에 보태고 있다. 객지생활하면서 어렵게 번 돈이니 제 호주머니에서 덜어 내는 게 어찌 쉬운 일일까. 항상 허허로운 어미의 마음 언저리를 맴돌며 주파수를 맞추고 있는 듯, 엄마의 불편한 구석을 잘도 읽어내는 딸이다. 돈이란 필요할 때 쓰라고 생긴 것이니 쓸 때는 기분 좋게 써야 된다는 말로 논리를 편다. 고마운 일이면서도 한편으론 안쓰럽다. 밤의 안식도 거부한 채 일에 몰두하며 어렵게 번 돈이기에 더욱 그렇다.

은행 CD기 앞에서 조금은 설레는 마음으로 통장정리 기계음을 듣는다. '짜르륵 짜르륵' 기록이 끝나고 신통하게도 통장이 주인 손을 향해 빠져나온다.

'울 엄마 꺼.'

살가움이 전해지는 보드라운 언어에서 버거웠던 삶이 녹록해짐을 느낀다. 탄력 잃은 두 다리에 힘이 붙는다. 때로는 혼자 먹는 부실한 밥상을 걱정하는 마음도 날아온다.

"맛난 것 사 드셔요."

귓속말로 속삭이듯 다가오는 문자언어다. 비록 얄팍한 통장이지만 펴드는 순간 가슴으로 스며드는 행복감이 삶의 허기를 밀어낸다. 시공을 초월해 고스란히 배달되는 딸아이의 마음이 황량한 가슴에 안개꽃으로 피어난다.

객지에 나가 있는 자식들 안부전화 한 통 받는 날은 큰 선물이라도 받은 듯 흐뭇하다. 빈 둥지에 모처럼 찾아든 햇살처럼….

바쁜 중에도 매달 잊지 않고 송금하면서 단문의 메시지까지 덤으로 전해오니 고맙기 그지없다. 때로는 정스러운 예쁜 언어로 어미를 미소 짓게 한다.

다듬어진 말 한마디가 어떤 명약보다 훌륭하게 사람의 마음을 치유할 수도 있고, 부정적인 말 한마디가 기를 죽이는 흉기로 작용하기도 한다는, 평범한 진리를 가슴에 새겨 본다.

사는 동안 내가 생각 없이 내뱉은 한마디가 누군가의 가슴에 비수로 작용했을 수도 있다. 언어를 자칫 잘못 구사하면 큰 오해의 강을 만들기도 하고, 말 한마디 잘 사용하면 천 냥 빚도 갚을 수 있다 하지 않던가!

말이 씨가 된다는 옛말도 있다. 특히 부정적인 말은 그대로 현실이 되어 언젠가 되돌아온다는 걸 우리는 가끔 경험하며 산다. 부정은 부정을 낳을 뿐이다. 그러니 함부로 말이라는 씨를 허공에 흩뿌려선 안 되리라. 긍정의 씨앗이 되는 좋은 언어만 골라 쓸 일이다. 감정이 시키는 대로 한 번 토해낸 부정적인 말은 영원히 지울 수도, 무덤에 가둘 수도 없으리라. 그래서 부처님께서는 입으로 짓는 구업이 가장 크고 무거운 죄라고 가르치지 않던가.

우리의 마음 밭에는 사랑과 미움, 자비와 폭력, 선과 악 등 좋고 나쁜 씨앗이 섞여 있으니 좋은 씨앗만 골라 물주기를 해야 한다고 세계적 명상가 틱낫한은 말한다. 부정의 씨앗이 되는 나쁜 말은 마음 밭에서 뽑아내고 늘 긍정적인 씨앗에 물을 주려고 노력할 일이다.

우리 뇌의 해마에 저장된 나쁜 기억, 또는 상처가 되는 말은 평생을 두고 따라다니며 그 사람의 성격을 지배한다고 한다. 상대방을 배려하는 말 한마디, 애정과 관심이 깃든 따뜻한 언어는 다친 마음을 치유하는 약손이 되기도 한다. 좋은 생각은 좋은 말을 만들어내고 좋은 말은 좋은 행동으로 이어지는 것 아닐까.

진심이 담긴 말 한마디는 때로 위대한 힘을 품은, 긍정의 씨앗이 된다는 사실을 단편의 문자언어에서 배운다.

녹이 슨 무쇠덩이도 장인의 손에 들어가면 갈고 다듬어져 쓸모 있는 연장이 되듯, 우리가 쓰는 언어도 모가 나지 않도록 잘 갈고 닦으면 마음과 마음을 이어주는 아름다운 가교가 되지 않을까? 마음이 빚어낸 청잣빛 우아한 말씨는 그 사람의 인격을 보여주는 거울이라 할 수 있으리라.

내면의 뿌리에서 우러나오는 영혼의 소리를 보석처럼 갈고 다듬는, 언어의 연금술사들이 있다. 그들에 의해 세상에 나온 좋은 글 역시 깊은 향기로 우리 곁에 오래 머문다.

딸아이의 순수하고 담백한 문자언어에는 연금술의 기교는 없지만 때때로 들꽃처럼 잔잔한 향기가 묻어난다. 사랑의 잉크로 써 내려간 가족 간의 짧은 메시지에서 황금보다 값진 마음의 부富를 건져 올린다.

아랫목 선물

아들로부터 귀띔이 있은 후 하루 만에 택배가 도착했다. 일인용 온열 매트였다. 날씨가 쌀쌀해지기 시작하는 요즘, 덩그마니 홀로 지내는 엄마를 생각한 아들의 효도 선물이다.

그 흔한 도시가스도 안 들어오는 낡은 아파트에 사는 나는 20년 넘게 기름보일러 신세를 지고 있다. 계속 고공 행진을 하고 있는 기름 값 때문에 서민 가정에선 맘 놓고 보일러를 돌릴 수 없는 게 현실이다. 기름통 눈금이 내려갈 때마다 피가 새어나가기라도 하듯 아찔한 느낌마저 든다.

혼자 지내는 냉랭한 집에서 분명 난방도 제대로 하지 않고 버티리란 것을 지레짐작한 것일까, 나이가 들면 몸에서 찬바람이 인다는 주위 어르신들의 얘기를 귀담아 들어둔 때문일까, 여하튼 바람막이 역할에 충실한 아들이 있어 든든하다.

기대감과 호기심에 지체 없이 포장을 풀었다. '구들장'이란 상표가 친근하게 눈에 들어왔다. 아궁이에 불을 지핀 듯 마음 언저리가 훈훈하게 데워지고 있었다. 사용설명서를 꼼꼼하게 살피며 전원을 켜고 조절기를 작동시켜 보았다. 이내 온기가 돌며 아랫목처럼 따끈해지기 시작했다.

유년기의 기억이 가물가물 되살아났다. 흙냄새 물씬 풍기는 초가삼간 옛집이 떠오른다. 부엌 한 칸, 아랫방, 윗방 이렇게 단출한 구조였다. 황토로 맥질한 부뚜막과 아궁이가 있었고 군불 땔 때마다 큰 가마솥엔 더운 물이 펄펄 끓었다. 아궁이에 가까운 아랫목은 신성불가침의 영역인 듯 늘 할머니 할아버지 차지였다. 그 시절 주거환경은 자연에서 쉽게 얻을 수 있는 나무와 흙과 돌로 이루어져 있었다. 그러니 자연의 토대 위에서 가장 자연스럽게 숨 쉬고 자고 먹고 뛰어놀았던 것이다. 매캐하던 아궁이의 연기 냄새, 구수한 아랫목 냄새는 아니라도 등을 따습게 녹여주던 구들장 온돌방의 추억을 잠시 느낄 수 있게 해 주었다.

내 생애 가장 추웠던 어느 겨울밤이 생각난다. 직장 따라 객지에서 외롭게 자취생활을 하던 때였다. 황소바람이 술술 드나드는 허술한 문간방이었다. 지금 생각하니 영하 10도 정도의 추위였지만 주거 환경도 열악하고 입성이나 이불 또한 보온이 거의 안 되는 수준이어서 더 추웠던 것 같다. 몸을 감싼 이불은 냉기를 안으로 빨아들이는 듯 점점 더 차가워졌고 방바닥은 냉골이었다. 그날따라 연탄불마저 까맣게 숨을 거둔 탓이었다. 온몸의 피가 얼어붙어 사지가 굳어지는 건 아닌지 어린 마음에 공포가 밀려왔다. 지독한 추위와 싸우며 뜬눈으로 지새우는 밤이 왜 그리도 길던지, 암흑 같은 지옥에서 빠져나갈 길은 좀체 보이질 않았다. 속수무책 날이 밝아 햇살이 퍼지기만을 기다릴 수밖에 없었다. 여명이 밝아올 즈음 정신이 몽롱해지며 온몸 구석구석 감기 몸살기가 파고들었다. 주인아주머니의 도움으로 온기가 남아있는 윗방 아랫목에 꽁꽁 언 몸을 눕힐 수 있어 그나마 다행이었다. 그날은 출근도 못한 채 악몽 같은 지난밤을 애써 지우며, 온종일 자리보전하고 누워 어머니를 그리던 기억이 아픈 추억으로 남아있다.

다음 주부터는 기온이 더 떨어져 혹한의 날씨가 될 것이라는 예보다. 겨울은 겨울답게 추워야 병충해도 막을 수 있고, 땅속의 생명체들에게도 인내와 절제의 힘을 길러주는 방편이 된다고들 한다. 바다는 바다를 온통 뒤집어 놓는 심한 풍랑이 있어 스스로 자정능력을 발휘하듯, 겨울도 맹추위를 앞세워 한바탕 이 땅을 휩쓸고 지나가야 한다는 게 자연의 이치일까?

하지만 없는 사람들에게 추위는 호랑이보다 무섭다지 않은가. 당장 겨우살이 걱정이 앞서는 서민들의 시린 가슴을 누가 덥혀 줄 수 있을까. 영등포역 주변 풍경이 뇌리를 스친다. 삶의 기본 권리인 주거안정의 욕구마저 허용되지 않는 사람들이 늘고 있다. 신문지 한 장으로 아랫목을 대신하고 찬 바닥에 웅크리고 앉아 시간을 죽이고 있는 노숙자들, 그들의 겨울이 걱정된다. 이렇게 바람 막을 누옥에라도 들어앉아 있는 내가 괜스레 미안해진다.

올 겨울은 마음까지도 데워 주는 구들장 매트 선물 덕분에 좀 더 훈훈한 계절이 되지 않을까 싶다. 내 아이가 선물한 사랑의 아랫목은 바깥세상의 모진바람으로부터 나를 보호한다. 엄마의 치마폭에 감싸 안겨 탈 없이 잘도 커줘서 고맙기만 한데, 이제는 역할이 전도된 듯 어깨가 좁아진 이 어미를 보살피느라 마음을 쓴다. 으슬으슬 추운 기운이 등줄기를 타고 엄습해 온다 해도, 구들장 매트 속으로 면면히 흐르는 사랑의 온도를 느끼며, 행복에 혼곤히 젖을 수 있을 것 같다.

나도 누군가에게 마음을 녹일 수 있는 아랫목이었던 적이 있었던가, 항상 받기만 한 것 같아 세상에 빚을 지고 사는 기분이다. 차제에 선물의 의미를 다시 한 번 생각해 본다. 선물은 언제나 받아서 기쁘고 주어서 흐뭇한 한겨울의 아랫목인 것을….

사랑의 어금니

키 재기라도 하듯 열 맞춰 촘촘히 박혀있는 옥수수 알을 볼 때마다 어릴 적 생각이 고개를 든다. 윤기 나고 튼실한 옥수수 알이 내 치아였으면 얼마나 좋을까? 하는 상상을 한 적이 있었다. 전후 공산품이 턱없이 부족하기만 하던 시절, 그땐 치약이나 칫솔 같은 생필품이 흔치 않았다. 굵은 소금 한 주먹 갈아 치약을 대신했고 가운데 손가락이 칫솔의 역할을 담당했다. 그러다 보니 제대로 치아 관리가 될 리 없었고 너나없이 누런 황금니를 드러내놓고 다니는 게 보통이었다.

치과나 병원은 동네에서 구경하기 힘들었고 간혹 무면허로 가정집에서 치과의술을 펼치는 돌팔이 의사가 있을 뿐이었다. 배냇니를 제때에 갈지 않아 뻐드렁니가 된 친구들은 놀림을 받기 일쑤였다. 옥수수 알처럼 가지런하진 않지만 덧니를 면할 수 있었던 건 내 어머니의 세심한 관심과 사랑 때문이 아니었을까? 새삼 그 고마움을 깨닫는 데 60여 년이 걸린 것 같다. 이가 흔들리기 시작하면 어머니께서는 때를 기다려 하얀 무명실로 단단히 묶은 뒤 문고리에 매달아 순간적으로 낚아챘다. 아픔의 감각을 느낄 틈도 없이 성가시던 이가 뽑혀 나왔으니 우선은 시원했다. 어머니께선 빠진 젖니를 함부로 버리는 일이 없었고 정성껏 싸가지고 나가셔서 초가지붕을 향해 높이 던져 올렸다.

"까치야 까치야, 헌 이 줄게 새 이 다오!"

상아처럼 빛나고 단단한 새 이가 제자리에 돋아나길 바라는 어머니의 마음, 자식을 위한 일이라면 귀찮은 일이 없고 아무리 작은 일도 하찮게 여기지 않는 그 정성이 순수한 의식으로 표현된 것이리라.

서울에 일터를 가지고 있어 보고 싶을 때 쉽게 만날 수 없는 막내딸이지만, 전화로 생생한 목소리 들을 수 있고 문자메시지로 간단한 통신도 가능하니 저으기 위안이 되곤 한다.

"어버이 날 선물 어떤 게 좋을까. 엄마, 못 찾아뵙는 대신 필요한 걸로 부쳐드리고 싶은데요."

"벌써 받았잖니, 어금니 여섯 개! 앞으로 평생 받을 선물 한꺼번에 받은 걸."

전화에 대고 둘이서 활짝 웃었다.

문턱이 높아 감히 엄두도 못 내던 치과 문을 두드리게 된 건 전적으로 막내의 주선이 있었기에 가능했다. 의료보험 수혜가 없는 치과 의료비

수준은 서민들로선 적금을 깨야 할 만큼 큰 부담일 수밖에 없는 현실이다. 치아상태가 가장 부실한 계층은 연로하신 어르신들이다. 경제력의 뒷받침이 없는 노년층의 삶의 질을 생각할 때 의료 복지만큼은 최소한 누리며 살 수 있어야 하지 않을까 하는 생각이 든다. 사회적으로나 가정에서나 역할 상실로 인한 소외감과 외로움에 사위어가는 어르신들, 최소한 질병의 고통만이라도 덜어주는 것이 더불어 사는 사회공동체로서의 생명사랑 정신이 아닐는지.

예나 지금이나 치과 문턱에 서면 등줄기가 서늘해지고 다리가 떨리는 공포감은 여전한 것 같다. 진료실에 들어서니 환자용 긴 의자가 으스스하게 나를 영접하고, 드륵드륵 찍찍 갈아대는 기계 마찰음이 귀를 시리게 한다. 우선 구강 내 치아 전체 사진을 찍어놓고 모니터에 띄워서 하나하나 상황설명을 해가며 상담을 했다. 어금니 중 여섯 개를 재건축해야 하는 대공사가 기다리고 있었다. 잇몸 뼈에 임플란트라는 인공 치주를 박아서 고정시킨 뒤 진액이 나와 완전히 붙을 때까지 기다리는 기간이 무려 4~5개월 걸린다고 했다.

수술 날짜를 정해 놓고 나니 두려움 반 기대 반, 긴 날의 편리함을 위해서 잠깐의 고통이야 참겠지만 또 한 가지 걱정이 덤으로 찾아 왔다. 심혈관내과의 사후 관리를 받고 있는 터라 복용 중인 약을 당분간 끊어도 될 것인가를 소견서로 받아와야 했다. 혈전 용해제가 포함된 약물이 들어있어 수술 시 지혈이 안 될 수 있기 때문이다.

드디어 수술 날이 다가오고 든든한 아들이 보호자로 내 곁을 지켜주어 큰 불안감은 떨칠 수 있었다. 물방울 레이저로 절개를 하기 때문에 큰 고통이나 출혈도 거의 없었다. 옛날 생각만으로 미리 겁부터 났으나 거의 무통 치료방식으로 개선이 되어 있었고, 수면 임플란트라는 시술방식이 너무도 신기했다. 의식은 있는 상태에서 잠깐 졸음에 빠진 것 같은데 수술이 끝났다고 했다. 그러나 시간은 수월찮이 많이 걸렸다는 걸 이내 알 수 있었다. 신경을 다루어야 하는 집도의사들에겐 두어 시간이 길고 긴 긴장의 순간들이었으리라.

아들과 한방에서 뒹굴며 꿈을 키우던 절친한 친구가 어엿한 치과원장이 되어 어머니 대하듯 나를 치료했다. 바쁘게 환자 곁을 오가며 구슬땀 흘리는 모습이 성공한 전문의로서 장하기도 하지만 내 아들 같다는 생각에 안쓰럽기도 했다.

계절이 바뀌는 동안 잇몸 안에 새 둥지를 튼 기둥들이 제자리를 잡고 안정이 되어 갔나 보다. 이제 긴 의자에 눕는 일도 익숙해졌고 두려움도 어지간히 가시게 되었을 즈음 새 어금니가 탄생하게 되는 순간의 날이 왔다. 얼마나 고대하던 어금니와의 만남인가,

평생을 함께할 우직하고 강건한 동반자가 아니겠는가! 오복 중의 하나를 얻었으니 절로 마음이 부르다. 가벼운 발걸음으로 치과 문을 나오자마자 딸에게 전화를 했다.

"엄마 어금니가 드디어 입주했다. 모두 네 덕이야."

"정말? 이제 서울 오시면 엄마랑 맛난 음식도 마음대로 먹을 수 있겠네요."

누구보다 엄마의 불편한 구석을 세세하게 잘 살펴 마음 써주는 막내가 고맙다.

내 나이 젊었을 적 친정 부모나 시부모에 대한 진정한 치사랑을 얼마만큼 베풀고 살았을까, 지금 내가 받고 있는 자식들의 사랑에 비해 부끄러울 만큼 모자란 사랑이었음을 성찰하게 된다.

어려운 고비마다 든든하게 버팀목이 돼 주는 나의 천사 나의 아이들, 그들이 선물해준 사랑의 어금니는 평생 감사와 행복이라는 풍미를 내게 안겨줄 것이다.

별에서 온 선물

“어머니, 병원에 잘 다녀왔습니다. 카톡으로 사진 보냈으니 한번 열어 보세요.”

반갑고 믿음직스런 사위 목소리였지만 내심 걱정하고 있던 터라 다음 이어질 대화에 바짝 신경이 쓰였다. ‘별일 없겠지, 좋은 소식일 거야.’ 순간 자기최면을 걸었다.

“그래 뭐라던가, 이상은 없는 거지?”

조심스레 물었다.

네, 어머니. 꿀봄이 잘 있대요. 심박동 정상이고 자궁 내 출혈기도 없어졌다고 하네요. 이제 염려 놓으세요.”

고맙고 기쁜 소식이었다. 이내 전화를 끊고 카톡방으로 가는 눈길이 바빴다. 새 생명이 싹트는 경이로운 모습을 영상으로 확인하고 나니, 가슴이 마구 뛰었다. 옆에 누구라도 있음 자랑하고 싶은데 아무도 없었다. 스마트폰 화면을 연신 클릭 또 클릭했다. 아무리 봐도 신기하기만 했다. 두 컷의 사진 밑에 '꿀봄이 인사드려요.'라는 대화글이 눈길을 잡았다. 예비 아빠의 재치 있는 통역에 저절로 미소가 만발했다. 그리 봐서 그런지 두 손을 모으고 고개를 살짝 떨어뜨린 태아의 모습이, 마치 공수 자세로 할머니를 향해 예를 갖추는 듯했다. "고놈 참 신통하네, 몰라보게 자랐구먼! 할머니가 사랑한다고 전해주게." 댓글이 꼬리를 달고 순식간에 날아갔다.

지난번 사진으로는 아주 작은 배아였었는데 이제는 어엿한 태아로 성장한 것이다. 사랑의 온도로 알맞게 데워진 무풍지대, 아기의 궁 속에서 찬연히 싹트는 생명의 비밀! 세이레 만에 고귀한 영혼의 발현이 이루어지고 하나의 인격체로 인정받게 된다고 하니 조물주의 치밀한 계산법이 놀랍기만 하다.

얼마나 고대하던 기별인가, 양가에서 조바심하며 목 타게 기다리던 소식이 아니던가. 사돈댁에도 낭보를 안겨줄 수 있어서 한결 어깨가 가벼워졌다.

위로 언니와 오빠를 둔 막내는 큰 탈 없이 순하게 잘 자라 좀 늦은 나이에 어른이 되었다. 묵묵히 자기 일에만 몰두하느라 결혼은 뒷전이더니, 어느 날 좋은 배필을 만나 순조롭게 혼사가 이루어지고 꿈의 새 둥지를 틀었다. 만혼인 데다 사위가 외아들이니 시댁은 물론 나 역시 임신 소식을 애타게 기다리던 터였다. 일 년이 지나도록 아기 소식이 없자, 당사자는 물론 주위의 관심과 걱정이 늘어갔다. 딸내미 내외는 산부인과를 들락거리며 상담도 하고 정밀 검사도 받기에 이르렀다, 불임의 원인을 찾아 그에 도움이 되는 시술도 두어 차례 시도해 봤으나 성공은 쉽지 않았다. 무엇이 문제일까? 지켜볼 수밖에 없는 나로선 답답하기만 했다.

우선 건강한 몸만들기 계획으로 식생활과 운동 등 생활습관을 바꿔보기로 했단다. 몸속에 쌓인 여러 가지 독소를 제거하는 크린푸드 식이요법을 실천한 결과 사위의 체중이 10킬로미터나 빠지게 되었고 두 사람의 몸에 변화가 찾아 왔다고 했다. 냉증이 심했던 딸은 생강과 당귀를 정성으로 달여 먹었던 게 효과를 본 것 같다고도 했다.

하늘은 스스로 돕는 자를 돕는다고 했던가! 결혼 2주년이 되는 지난봄 어느 날, 아직은 확실하지 않으니 소문내지 말라는 당부와 함께 자가 테스트 결과를 알려왔다. 조심스럽긴 하나 과학의 힘을 믿고 싶었다.

"애야, 엄마 지금 팔짝팔짝 뛰고 있는 거 보이니? 됐다 됐어!"

"엄만, 심장 조심해야지." 너무 기뻐하지 말고 진정하라며 되레 엄마를 걱정했다. 내 안에서 떠날 줄 모르던 근심 덩어리 하나를 덜게 해준 딸과 사위가 고맙고 미덥기만 하다. 이보다 더 크고 귀한 선물이 어디 있으랴!

화려한 생명의 꽃 피운 자리에 여문 씨앗 하나 남기는 일은 세상에 태어나 살다 가는 빚을 덜어내는 일이 아닐까. 계주 선수가 다음 주자에게 바통을 넘기듯 생명 릴레이가 계속 이어지길 바라는 건 종족 보존의 본능이며 자연의 순리이지 싶다.

꽃에 비유되는 딸은, 존재 그 자체가 선물이다. 팍팍한 삶 속에서도 간간이 찾아오는 행복감, 그것들 중 많은 부분이 아이들로부터 온다는 걸 느끼며 살아왔다. 너무도 일찍, 아이들 아빠는 빼앗아 갔지만, 세 생명을 내 품에 보내준 하늘의 선물에 나는 늘 감사하며 산다. 아이들은 자라면서 끊임없이 내 마음의 곳간을 채우는 크고 작은 그 무엇인가를 선물하곤 했다. 쓰러질 듯 어지러운 질곡의 세월을 외줄타기하며 흔들릴 때, 꽃부채로 혹은 장대로 수평을 잡아 준 것도 세 아이였다. 그중 막내와의 애틋한 추억은 빛 바라지 않은 수채화처럼 아롱아롱 기억의 그물에 매달려 있다. 딸의 유년 시절, 우리 부부는 맞벌이로 직장생활에 매인 몸이라 아이들은 거의 할머니 품에서 자랐다. 막내가 세 살 되던 해, 살뜰히 보살펴 주시던 할머니가 돌아가시고, 그 이듬해 할아버지도 세상을 뜨시고, 이어 다음해에는 돌연 아빠까지 잃는 상실감 속에 외로운 유년 시절을 보냈다. 초등학교 5학년 때 글짓기 대회에서 대상을 받았을 때의 감격은 그 어떤 보물을 안겨준 것보다 값진 선물이었다. 탈 없이 쑥쑥 자라주는 것만도 고마운 일인데, 세 아이가 학교와 주변으로부터 칭찬을 받아올 때마다 마음은 부자가 되었다. 그때그때를 살아내는 삶의 에너지를 채워준 것은 바로 아이들이었다. 아빠의 빈자리 때문에 의기소침하거나 우울한 그늘이 질까 걱정했던 막내는 막둥이답지 않게 의젓한 아이로 잘 자라

주었다. 그림과 만들기 등 손재주에 소질이 있던 딸내미는 애니메이션을 전공하였고 졸업하면서 바로 전문직 일에 뛰어들었다. TV동화 프로그램을 맡아 하면서 그림 동화책을 발간하기도 했다. 내 꿈을 대신 이루어 준 것 같아 마냥 뿌듯했고 두 다리엔 불끈 힘이 솟았다.

"다음은 엄마 차례야!" 작가 사인란에 딸이 남긴 그 한마디가 지금도 글 쓰는 힘이 되어주고 있다.

요즘은 막내의 살가운 음성 대신 듬직한 사위의 목소리를 자주 듣게 된다. 전자파를 염려해서인지 사위가 도맡아 전화를 받는다. 꿀봄이의 안부가 궁금하지만 전화하기도 조심스러워 꾹꾹 참고 있다. 유난히 꿀이 당기면서 봄과 함께 찾아온 새 생명에게 꿀봄이라는 태명을 붙여 주었단다. 영상으로나마 꿀봄이의 인사를 받았으니 할머니의 덕담 한마디 전해야 할 것 같다.

'사랑이 빚어낸 생명의 싹, 꿀봄아!

넌 어느 별에서 머물다 이 지구별까지 오게 됐니? 반갑구나. 그리고 고맙다.

아직은 새끼손가락보다 작지만 이 할머니에겐 세상에서 가장 크고 빛나는 선물이란다. 좋은 엄마, 아빠를 용케도 잘 찾아왔구나! 꿀봄아, 잘 먹고 잘 자고 쭉쭉 팔다리 운동도 하고, 옹골차게 여물어서 사랑이 넘치는 따뜻한 세상으로 순풍 나오렴. 엄마 아빠 그리고 여러 가족이 널 기다리고 있단다.'

딸 내외는 요즘 독서삼매에 빠졌다. 임신 육아백서와 관련서적들을 섭렵하는 모습이 마치 엄마, 아빠 자격 예비 수능 준비라도 하듯 진지하다. 세상사 다 그렇듯 좋은 부모 되기란 그리 쉬운 일이 아니다. 미래의 밝고 건강한 가정을 위해 태교는 계속되어야 한다는 주장에 동의한다.

꼬맹이 의자 하나가 더 늘어난 식탁 풍경, 주방과 거실을 누비며 더 바삐 잔걸음치는 딸애의 모습이 진정 '안에 있는 해'로 존재하길 빌어 본다. 임신 초기 단계이니 앞으로 조심할 일도 많고 입덧의 고통도 따르리라. 열 달 동안 생명을 품어 기르는 일이 어디 수월하기만 하랴. 신이 할 일을 대신 맡겼다는 거룩한 임무, 엄마의 역할을 잘 해내야 할 텐데….

감격과 축복의 그날을 고대해 본다.

이런 결혼식 어떨까요

망망한 바다 위에 내려앉는 6월의 태양이 은비늘로 반짝인다. 다큐멘터리 영상으로나 만날 수 있었던, 신비의 그 바다풍경이 바로 눈앞에 펼쳐지다니 꿈만 같다. 이 환상적인 물 빛깔은 어디서 온 걸까. 바다를 흠모하여 삽시간에 달려온 태양과의 합작품이 아닐는지. 멀리 보이는 바다는 쪽빛이요, 가까운 바다는 맑은 옥빛이다. 마치 비단 천에 천연물감 풀어, 짙은 색 옅은 색 층층으로 물들여 펼쳐 넌 듯하다.

예비 신랑 신부와 양가 가족을 태운 비행기는, 인천 국제공항 활주로를 박차고 날아올라 점점 고도를 높이더니 운해 속으로 빨려들었다.

생전 처음 가보는 낯선 땅으로의 여행이라 약간의 긴장과 두려움이 앞서기도 했다. 더구나 어렵다는 예비 사돈 내외분과의 동행이니 조심스럽기 그지없었다.

괌 국제공항에 내리는 순간 고온다습한 열대성 공기가 피부에 훅 와 닿아 이국땅임을 실감케 했다. 대기 중이던 한국인 가이드의 안내로 투몬 지역 해변가에 위치한 PIC호텔에 짐을 풀었다. 바다가 정원인 이 호텔은 아시아 여행객들이 많이 찾는 곳으로 가족단위의 고객들이 많다고 한다. 모든 객실이 아름다운 바다전경을 한눈에 감상할 수 있도록 설계되어 있었다. 호텔 마당 전체가 바다와 연결된 숲 속의 자연 풍광이다. 풀장이며 보트장이며 산책로가 있고, 요가 등 힐링을 테마로 한 시설도 정원 내에 있다. 마당 한쪽에 위치한 작고 예쁜 건물이 예식장으로 꾸며진 성당이라 했다.

이국땅에서 맞는 첫 밤이 깊어가고 있었다. 밤 바닷소리가 조용해진 창가로 밀려왔다 밀려가기를 반복하고 달구어진 대낮의 열기는 해가 진후에도 식을 줄 몰랐다. 끝없이 넓은 태평양과 필리핀 해를 사이에 두고 우뚝 솟아오른 아름다운 섬, 그 섬의 한쪽 귀퉁이를 베고 누워 물 위에 둥둥 떠 있는 나를 상상했다. 긴 여정으로 쌓인 여독을 풀며 내일을 위해 단잠을 청해야 했다.

이튿날, 눈부신 아침 햇살이 커튼 사이로 강하게 퍼질 즈음 침대에서 내려와 하루의 일정을 살폈다. 예식은 오후에 치를 것이니 오전 시간은 느긋하게 바다에 나가 몸을 담가도 좋을 것 같아 가족과 함께 나섰다. 인륜대사라 일컫는 혼례식 날 혼주가 이리 편해도 되는 건 지, 현실이 아닌 멀리 딴 세상에 뚝 떨어져 와 있는 묘한 기분이 들었다. 옛날 같으면 큰일을 며칠 앞두고 온 동네가 들썩하도록 잔치 준비에 바빴을 터, 현재의 신식 혼사 준비도 복잡하기로 치자면 더한 게 아닐까. 신혼집 장만이며, 패물이며, 예단, 혼수, 폐백, 이바지 등등 당사자와 부모들의 정신적 경제적 부담이 클 수밖에 없다. 예비 사돈댁은 일류대 출신의 교수 집안이시다. 내심 걱정이 컸다. 하나 딸을 통해 전해들은 사돈 어르신들의 의사 결정은 존경스러울 만큼 검박한 혼례절차였다. 모든 격식을 배제하고 의미 있는 작은 결혼식으로 하고 싶다는 당사자들의 뜻과 일치했다. 패물도 기존에 끼고 있던 커플링으로 대신했다. 요즘 보기 드문 건전한 선례를 남길 수 있도록 작은 결혼식을 허락해 주신 사돈내외분께 깊은 존경과 고마움을 느꼈다.

요즘 결혼 문화가 어떤가, 젊은이들이 느끼는 경제적 중압감이 결혼을 포기하거나 미루게 만들고 결혼을 해도 아기 낳아 기르기를 꺼려한다고 한다. 한참 미래를 설계하며 꿈에 부풀어 있어야 할 선남선녀들이, 현실의 벽에 부딪쳐 날개를 접는 일은 없어야 하지 않을까. 비생산적인 과비용 결혼식! 서울의 이름 있는 호텔 예식에는 억 단위의 비용이 들기도 한다고 한다. 거품처럼 부풀려진 예식 비용이지만 일생에 한번 있는 큰일이라 울며 겨자먹기식으로 당할 수밖에 없다. 허례허식을 부추기는 상혼이 만연해 있는 곳 중 하나가 웨딩 산업이라 생각되니 씁쓸하기만 하다.

화려한 결혼식을 꿈꿀 수 없는 안타까운 처지의 선남선녀들에게 '이런 작은 결혼식은 어떨까?' 제안하고 싶은 심정이다.

시집갈 생각은 제쳐두고 자기 일에만 몰두하는 딸아이가 은근히 걱정되었지만 때를 기다릴 수밖에 없었다. 연분이 따로 있다더니 억지로는 안 되는 게 짝을 찾는 일인 것 같았다. 조금은 늦은 나이에 좋은 친구를 만나 혼담이 무르익어가고 양가의 뜻이 모아져 택일을 하기에 이르렀다. 일생일대의 중대사인 만큼 무엇이든 신중하게 선택해야 했다. 혼사가 원만하게 성사되는 것 같아 내심 기쁘면서도 결혼 비용을 어떻게 마련해야 할지 내심 걱정이 컸다. 이런 큰일 앞에 머리를 맞대고 함께 의논해야 할 아빠의 빈자리가 더욱 크게 느껴졌다. 엄마의 속사정을 훤히 알고 있는 딸아이가 밝은 표정으로 이야기를 꺼냈다. "엄마, 저희 결혼식 크게 벌이지 않고 신혼여행지인 괌에서 간소하게 치르면 어떨까? 호텔에서 제공하는 예식장을 이용하는 거야."

"그래? 그런 결혼식도 있었니?" 외국 영화에 나오는 가족단위의 조촐한 결혼식 장면이 떠올랐다. 일본여행 갔을 때도 작고 예쁜 성당건물이 예식장인 것 같다며 딸아이가 관심 있게 살펴보던 기억이 났다.

양가 부모님께서 쾌히 승낙을 해주셔서 다행이라며 딸은 인터넷으로 호텔예약이며 준비할 목록들을 차근차근 체크해 갔다. 야외 촬영 때 필요한 소품이며 부케도 재료를 사서 직접 만들었다. 신부를 가장 빛나게 만들어 주는 웨딩드레스만큼은 빌리지 않고 구입하기로 했다. 인터넷을 뒤져서 저렴하면서도 평상복으로도 활용할 수 있는 드레스를 제작회사에 주문 구입했다. 한국에서 빌리는 가격과 비슷하다니 새 옷으로 장만

하는 편이 나을 듯했다. 웨딩 플래너의 도움 없이도 결혼식 겸 신혼여행 겸 가족여행의 준비는 완벽했다.

그림 같은 하얀 집이 성당으로도 쓰이는 예식 홀이었다. 안으로 들어서자 아늑하면서도 성스러운 기운이 가득했다. 유리창 너머로 가까이 바다가 보이고 뒷문으로 한발 내려서면 해변 모래사장이었다. 으레 떨리고 긴장되기 마련인 예식장 분위기는 내 집처럼 안온하고 편했다. 챙겨야 할 하객이 없으니 어수선하지도 않고 다음 대기 팀에 밀려 시간에 쫓길 일도 없으니 느긋하게 사진과 비디오 촬영도 할 수 있었다. 마치 가족 나들이 나온 단출한 분위기였다.

예식 진행 순서는 우리나라와 비슷했다. 양가 어머니의 화촉 점등을 시작으로 미국계 신부님이 등장하면서 신랑 신부 입장, 성혼선언, 짧은 주례사 순서로 진행되었다. 풍부한 성량의 흑인 가수가 축가를 불러주었다. 시원한 폭포수처럼 확 트인 그의 목소리는 예식 홀 가득 울려 퍼져 축복의 분위기를 고조시켰다. 신랑 신부 앞에서 양가 부모님이 전하는 편지글 낭독 순서도 있었다. 두 사람의 앞날에 시련도 있겠지만 행복한 날이 더 많기를 기도하는 부모의 마음은 매한가지이리라. 마지막으로 신랑 신부 새 출발 행진에는 길 양쪽에 띠를 이룬 가족들이 장미꽃잎으로 꽃비를 뿌려, 향기로운 인생길을 축복해 주는 것으로 피날레를 장식했다.

신선한 체험이었다. 이렇게 성스러우면서 호젓하고 여유 있고 낭만이 넘치는 결혼식이 또 있을까? 신혼여행비에 가족여행비만 더 얹은 최소한의 결혼비용으로, 양가부모님 효도 관광까지 시켜준 셈이다. 결혼 당사자들의 독특한 발상과 실리적 선택이 기특하고 고맙기만 하다. 이런 작지만 알찬 결혼식으로 별 어려움 없이 새 인생의 둥지를 찾아 비상하는 젊은이들이 많이많이 생겨나길 기도해 본다.

괌에 머무는 동안 친숙해진 신비의 꽃 플로메리아! 부케로 잘 어울렸다. 순수한 색깔과 달콤한 향기가 신부를 닮았다. 영화 속 주인공처럼 밝게 빛나던 신부의 가슴에 안겨 가늘게 떨리는 심장 소리를 들었을까? 두 사람의 영혼에 스며들어 오래오래 환희로 피어나길 빌고 또 빌었을 게다. 커다란 여행가방 속에 담아온 아련한 추억들을 하나하나 들추어 되새김해 본다. 강렬한 햇빛, 맑고 파란 물빛, 해변의 작은 성당, 넉넉한 미소로 인사하던 정원사 아저씨! 우리 가족 모두를 행복하게 품어 주었던 그곳, 내 마음은 아직도 그 맑고 투명한 바닷가에 머물고 있다.

수평선을 볼 수 없다는 망망한 그 바다처럼 두 사람의 사랑과 행복이 무한대로 펼쳐지길 빌어본다.

어디까지 왔니

부산행 고속열차에 올랐다. 폭염에 발이 묶여 엄두도 못 내던 부산 나들이다. 못 보고 지낸 동안 손주의 재롱이 얼마나 늘었을까? 달리는 차창 밖으로 손주의 모습이 아른거린다.

카톡음이 울려 폰을 열고 메시지를 확인한다.

"엄마, 어디쯤이야? 밀로가 할머니 어디까지 오셨나 전화 해보라고 해서…."

울산역 가까이 왔다고 답신을 보낸다. 목 늘이고 기다릴 손주를 생각하며 마음은 열차보다 앞서 달린다.

어릴 적 언니 등에 업혀 눈을 가린 채, "어디까지 왔니?" 하면 "집 앞까지 왔다." 하던 놀이가 생각난다. 밤길을 걸으며 무서움과 지루함과 궁금증을 달래주려고 언니는 계속 말 꼬리를 이어 갔던 것 같다.

천안에서 부산 사이, 거리로 환산하면 까마득히 먼 거리지만 마음은 벌써 그곳에 가 있다. 고속열차 덕분에 길 위에 머물러야 하는 시간이 훨씬 단축되어 천릿길도 멀게 느껴지지 않는 요즘 세상이다. 달구지가 유일한 이동 수단이었던 그 시절 우리 선조들은 초고속을 향해 가는 현재의 교통문화를 상상이나 했을까?

해당 앱을 열어 열차표 확인을 누른다. 사위가 미리 예매하여 선물한 고속열차 시간과 좌석이 그 속에 고스란히 담겨있다. 손가락 하나로 앉아서 많은 일들을 해결하는 참 편리한 세상이다.

마지막 역인 부산역에 도착했다. 열차 문이 열리자 우르르 쏟아져 나온 사람들의 발길이 저마다 바쁘다. 택시 승강장으로 향한다. 30여 분을 더 달려 도착한 곳이 오륙도 앞 딸네집이다. 계속된 폭염의 날씨가 부산의 딸내미 가족과 천안의 어미 사이를 이산가족 아닌 이산가족으로 만든 느낌이다. 오랜만의 상봉이라 딸이며 손주 모두 반색을 한다. 그림책에 나오는 잠자리채를 상상하며 할머니를 얼마나 기다렸을까. 들고간 손가방에서 눈을 떼지 못하는 손주녀석이다. 접이식 안테나가 달린 잠자리채를 받아들고 손주는 신이 났다. 태어나서 처음 만져보는 물건일 테니 호기심이 발동할 만도 하다. 천안명물 호두과자는 으레 챙기는 만만한 선물이다. '붕어빵에는 붕어 없고요, 호두과자에는 호두 있어요.' 하며 콩알만 한 입으로 한입 베어 문다. 한 손에는 잠자리채를 꼭 쥔 채.

"밀로야, 이제 가을이 되면 파란 하늘에 빨간 고추잠자리가 많이 놀러 나올 거야, 우리 이걸로 잡아 볼까?"

“안 되지요, 잠자리 날개 다치면 어쩌려고.” 옆에 있던 딸이 손사래를 친다. 내 생각엔 잡아서 잠시 보여주고 다시 살려주면 되지 싶은데, 잠자리를 괴롭히는 건 절대 안 된단다. 어려서부터 동물사랑이 유별났던 딸의 심성을 잘 알기에 우길 수도 없고 사위의 응원도 기대할 수 없다. 딸이나 사위나 동물사랑의 온도가 똑 같아 죽이 잘 맞는다. 산책길에 지천인 야생화 한 송이를 꺾어 와도 딸한테 책망을 듣는다.

밀로가 잠자리채를 들고 바람처럼 내달리는 모습을 상상하며, 발품 팔아서 어렵게 구했는데…. 예쁜 그물망 잠자리채는 그렇게 빛도 못 본 채, 장난감방 한 구석에서 잠 만 자고 있다.

부스스 일어나 덜 깬 눈으로 먼저 할머니 방을 찾는 밀로의 발소리가 반갑다. “어이구 우리 강아지, 잘 잤어요?” 그러지 않아도 녀석의 기척이 기다려지던 참이다. 할머니가 며칠 머문 이 자리가 어느 아침 허전하게 느껴지진 않을까. 괜한 걱정을 미리 한다. 언젠가는 배웅하고 들어갈 때까진 좋았는데, 할머니 방을 둘러보고는 눈물바람을 해서 달래느라 애를 먹었단다. 이제는 좀 컸다고 의젓해졌다.

마지막 날, 바깥바람 쐬기를 좋아하는 밀로를 위해 사위와 함께 아침 산책에 나섰다. 아파트 울타리만 벗어나면 바로 이기대 해변공원으로 이어지는 산책로다. 펑퍼짐한 언덕배기엔 갖가지 꽃들이 무리지어 피어있다. 보랏빛 꽃잎이 구절초를 꼭 닮은 해국, 잎사귀가 채송화 비슷한 송엽국, 작은 별 모양을 한 꽃댕강나무 꽃 등, 해풍에 씻은 몸을 다순 햇살에 말리고 있다. 밀로는 연못 위 다리 난간에 붙어 서서 잉어에게 밥을 주고 있다. 산책 코스를 따라 조금 내려오니 눈앞에 펼쳐진 바다를 좀 더 가까이 불러들이는 망원경 조망대가 설치되어 있다. 오륙도의 모습이 코앞에 선명하다. 언덕길을 따라 내려오면 오륙도 전망대로 이어지는 해파랑길이 있다. 전망대 마당 한편에는 통유리 바닥으로 된 하늘 다리, 스카이워크가 아슬아슬 허공에 걸려 있다. 바다와 하늘 사이를 휘적휘적 걷는 기분일까? 체험은 다음으로 미룬다.

머물 수 있는 시간이 그리 흡족하지 않아 매번 아쉬움이 남는다. 다섯 밤을 자도 여섯 밤을 자도 그동안의 회포를 풀기엔 태부족이다. 딸은 늘 소망한다. 엄마가 옆에 살았으면 좋겠다고. 같은 아파트 단지에 살며 보고 싶을 때 마음대로 볼 수 있다면 딱 좋을 텐데, 그런 복을 누리며 사는 친구도 더러 있다며 부러워한다. 서울에 살 때만 해도 자주 오갈 수 있었는데, 너무 멀리 떨어져 와 있으니 섬처럼 외로울 게다.

아기는 하루하루 눈에 띄게 성장하고 힘도 세져, 엄마 혼자 감당하기 버거울 정도다. 며칠 함께 지내다 보니 집안 살림과 육아에 쏟는 에너지가 고갈 날 만도 하다. 요즘 아이들은 성장 속도가 빨라서일까, 미운 일곱 살이 네 살에 찾아오는 듯싶다. 하루에도 몇 번씩 엄마의 심장을 쿵 내려앉게 만들기 일쑤다. 행여 안전사고라도 날까 애간장 태운 적이 어디 한두 번일까. 엄마의 눈은 단 일초의 해찰도 허락되지 않는, 24시간 보초병 역할을 감당해야 한다. 폭염이 계속되던 지난여름, 약한 몸으로 집안에만 갇혀 아이를 돌보느라 얼마나 고달팠을까? 힘들고 지칠 때 속마음을 털어 놓을 수 있는 친정어머니가 가까이 있었음 조금은 위안이 되었을 텐데, 힘이 되어 주지 못해 늘 미안하고 안타깝다.

막내딸은 늦은 나이에도 굳이 자연 분만을 고집했다. 첫 출산에 비해 진통 시간이 길지 않았고 수월하게 분만을 해서 큰일을 잘해냈다 싶었다. 그러나 퇴원 후 집에 도착하여 계단을 오르는데 발을 뗄 수 없을 정도의 통증이 왔고, 하체를 전혀 움직일 수 없었다. 산후 후유증인가 싶었다. 병원에 문의해 보니 출산할 때 심한 압박으로 치골이 손상을 입었다고 했다. 산후 조리도 제대로 할 수 없었고, 하체 기능이 거의 마비 상태에서 모유수유를 하느라 고생을 많이 했다. 휠체어에 의지하고 안방과 거실을 겨우 오갈 수 있었으니 그 충격은 상상치 못할 정도로 컸다. 손주를 얻은 기쁨은 나중이었다. 산모의 건강에 빨간불이 켜졌으니 집안 분위기가 침통하기만 했다.

애면글면 어두웠던 몇 주가 지나고 차츰 상처는 아물어 갔다. 그러나 산후통은 여전히 남아 여러 증상으로 나타났다. 체온조절이 안 되고 기운이 위로 뻗치는 상기증이 산모를 괴롭혔다. 모유수유 때문에 약을 마음대로 쓸 수도 없었으니 자연치유만을 기대할 수밖에 없었다.

어느 날 엄마 보약도 지을 겸 한의원에 가자고 해서 따라나섰다. 맥을 짚어 보더니 칠십대인 엄마보다 딸의 기력이 더 약하단다. 가슴이 또 한 번 내려앉는다. 자식 걱정은 끝이 없다는 옛말이 딱 맞는 것 같다. 이번이

세 번째 처방 받은 한약이라 했다. 제발 효험이 있어 지금보다 더 활기차고 건강한 엄마의 모습으로 우뚝 서길 고대해 본다. 비바람 잘 날 없겠지만 그래도 애면글면 어린 꿈나무가 거목으로 잘 자라도록, 부단히 사랑비 내려 주리라 믿어본다.

손주와 보낸 5박 6일이 빨리도 지나갔다. 좀 더 재미있는 추억거리를 만들어 줄 걸. 숨바꼭질이며 소꿉놀이며 블록 쌓기 등등, 이담엔 잠자리채 들고 공원에 함께 가보기로 다짐한다. 건강과 시간이 허락하는 한 자주 만나야 가족이지 싶다. 밀로가 할머니 얼굴 잊지 않도록, 보고픔에 목마르지 않도록, 할미가 '어디까지 왔나?' 궁금해 하지 않도록 자주 발걸음하리라 속으로 다짐한다.

짐 챙겨 나오는 할머니를 보며 헤어짐을 알아차린 걸까.

"할머니 밀로 보러 또 오신대." 밀로가 먼저 선수를 친다.

"안녕, 빠이빠이." 흔드는 작은 손이 아기단풍 잎사귀 같다.

콜택시에 몸을 싣고 귀갓길에 오른다. 오륙도 앞바다가 점점 멀어지고 있다. 왜 사람들은 바다를 늘 그리워하고 보고 싶어 할까? 생명의 싹을 틔워 기른 곳, 엄마의 깊은 바다, 양수의 기억 때문일까? 모서리도 없고 막힘도 없이 탁 트인 넓고 넓은 바다는 어머니 품 같다. 누구라도 세상 욕심 버리고 바다에 풍덩 마음을 담그면 그와 동화되어 한없이 넓어지고 인자해지지 않을까.

딸도 바다와 친해졌으면 좋으련만, 타향의 외로움 바다에 둥둥 띄워 보내고 삶의 고단함도 훌훌 털어 파도에 실어 보냈으면 오죽 좋으랴. 멀어져가는 바다를 향해 외쳐본다.

"바다야! 그 너른 가슴으로 우리 딸 좀 잘 품어 주렴, 외롭지 않게."

귀갓길엔 늘 아쉬움이 따라 붙는다. 택시로 부산역에 도착, 상행선 고속열차에 오른다. 한 정거장 지나칠 때마다 딸과의 거리가 성큼성큼 멀어져 간다. 부산에서 천안까지 철길의 거리만큼 그리움도 늘어만 간다. 고숍던 언니 등 대신 현기증 날 정도로 쌩쌩 달리는 고속열차에 업혀 목적지에 도착했다. 핸드폰을 열고 카톡으로 귀가 소식을 전한다.

"어디까지 왔니, 천안까지 왔다."

마음의 일기예보

가로수의 어린잎들이 오월의 미풍에 해살거리며 반짝인다. 온갖 봄꽃들이 활짝 웃고 있는 거리의 풍경과는 달리 내 마음의 일기예보는 '한때 흐리고 구름 많음'이다. 살다 보면 이런 날 종종 있기 마련이지만, 특히 오늘 같은 어버이날엔 왠지 모를 착잡한 심경 속에서 선뜻 헤어나질 못한다.

깜짝 가출을 작심하게 된 것은 외출을 했다가 집으로 오는 시내버스 안에서였다. 버스 안에서 만나는 사람들의 표정은 겉으로 보기에 모두가 평안한 일상에 젖어 있는 듯했다. 집을 두 정류장 앞둔 터미널에 차는 정차하고 사람들의 무리가 좁은 출입문 쪽으로 쏠렸다. 나도 덩달아 그 인파에 휩쓸려 어디론가 흘러가 보고 싶은 충동이 일었다. 순간에 이루어진 선택이었다.

거리의 곳곳에 벌여놓은 카네이션 꽃 좌판에는 붉은색 일색으로 내가 찾고 있는 하얀 카네이션은 어디에도 없었다. 하는 수없이 연분홍색 쌈지 꽃다발 하나를 골랐다. 백화점 식품관에 들러 일회용 소주 한 팩과 북어포 그리고 작은 종이컵도 하나 덤으로 얻어 준비를 마쳤다.

생뚱맞은 생각과 행동에 스스로 놀라면서도 안에서 일어나는 반란의 자유를 굳이 말리고 싶진 않았다. 몸은 어느새 선영이 있는 공주행 버스에 올라와 있었고, 마음은 빈 하늘을 향해 멀리 달리고 있었다. 집과 가족으로부터 떨어져 나와, 엄마의 위치를 재정립해 볼 양으로 어쭙잖은 일탈을 시도하긴 했는데 영 마음은 편치가 않았다.

어젯밤 아들과의 마찰로 심기가 내내 불편했었다. 어미의 속을 헤아리지 못하고 불쑥 불쑥 성깔을 부릴 때면 부아가 치밀어 오른다. 세상에서 가장 어려운 일이 자식농사라는 말이 있다. 부모의 바람대로 인품 반듯하고 형제간 우애 깊고 마음자락 넉넉한 그런 자식으로 자라준다면 무얼 더 바라겠는가.

버스는 한적한 시골 정류장에 도착했다. 산소까지는 택시를 타고 한참을 더 가야 한다. 무심코 가방을 열어 지갑을 찾았으나 아무리 뒤져도 손에 잡히지 않았다. 순간 뒷머리를 얻어맞은 듯 멍하니 아무 생각도 나지 않았다. 마음을 가라앉히고 사건의 전말을 천천히 유추해 보니 옆 좌석의 남자 승객밖에 의심 갈 만한 데가 없었다. 햇볕에 그을린 듯 구릿빛 얼굴의 소박한 농부 같아 보였는데 그 사람 짓이란 말인가. 버스 안에는 붐

빌 만큼 승객이 많지도 않았고 소매치기 비슷한 인상의 승객도 없었다. 세상살이에 야무지지 못하고 어수룩한 자신의 탓이니 어찌하겠는가. 손가방을 좌석의 등 뒤쪽에 놓고 지퍼를 잠그지 않았던 게 큰 실수였던 것 같다. 집에서 마냥 기다리고 있을 막내딸에게 문자 메시지로 운云이라도 띄워야 할 것 같아 휴대폰을 꺼냈었다. "엄마 오늘 가출이다. 기다리지 마."라는 메시지 전송을 한 뒤 휴대폰을 다시 가방에 넣고 지퍼를 잠그지 않은 것이다. 벙긋이 열린 틈 사이로 지갑이 유혹을 했을 것이고 견물생심이 양심을 살짝 가리는 순간, 민첩하게도 내 지갑은 공간 이동을 했을 것이다.

마침 그곳에 사시는 지인을 만나 돌아올 차비를 빌릴 수 있었으니 그나마 다행이었다. 이렇게 일탈의 무모한 계획은 중도에 물거품이 되어버렸다. 허탈해진 심신을 이끌고 집으로 돌아오는 길에는 많은 생각들이 뒤엉키면서 출발할 때보다 더 무거워진 마음을 추슬러야만 했다. 혼자서는 엄두도 못 낼 산소 길을 겁 없이 나선 지어미의 허세를 꺾어 보려는 의도였을까? 이렇게 쉽사리 나의 발길을 되돌려 놓은 건 아마도 하늘에서 내려다본 아이들 아빠의 말없는 타이름이 아니었을까 싶다. 함께 나누어져야 할 짐 떠맡기고 왜 그리도 쉽게 훌훌 떠나버렸냐는 푸념 들을까 봐 미리 선수 친 것일지도 모른다.

은행과 동사무소를 오가며 신용카드와 주민증 분실신고 처리를 하고 나니 해가 뉘엿뉘엿 저무는 저녁 무렵이 되었다. 모두가 보금자리를 찾아 바쁘게 귀가를 서두르는데 물먹은 솜처럼 천근만근 된 몸으로 발길을 옮기자니 집으로 가는 길은 멀기만 했다. 길옆 벤치에 앉아 한숨 돌릴 양으로 발길을 멈추고 휴대폰을 열었다. 뜻밖에도 아들의 문자 메시지가 와 있었다. 무뚝뚝하고 잔정이 부족한 아들에게서 처음 받아보는 단문편지다.

"요즘 금단현상으로 신경이 날카로워져 본의 아니게 엄마의 마음을 다치게 했나 봐요. 죄송해요." 뜨거운 무언가가 가슴으로 올라오며 눈물이 날 것 같았다.

"그랬었구나, 그 어렵다는 금연禁煙의 고통을 엄마가 미처 헤아리지 못해 미안하다. 함께 이겨 내자꾸나." 답장을 했다. 모음과 자음 하나 하나가 조합을 이루어 말이 되고 문장이 되어, 속마음까지도 쉬이 전할 수 있으니 신기하고도 고마운 일이다. 소통의 물고를 터준 핸드폰 덕택에 오늘 하루 나를 짓누르던 먹구름이 말끔히 가시는 듯 발걸음이 가벼워졌다.

집에 도착하니 정성이 듬뿍 담긴 소담한 꽃바구니와 선물이 기다리고 있었다. 엄마의 속내를 가장 잘 읽어내는 막내딸의 선물은 이심전심으로 통한 듯 항상 흡족하기만 하다. 나도 저 나이 적 울 엄마 생각 얼마나 하고 살았을까. 해마다 찾아오는 어버이 날이면 더욱 그리워지는 부모님 생각에 잠시 가슴이 먹먹해져 왔다.

멋쩍은 감상에 이끌려 일상의 궤도를 슬쩍 벗어났던 모험선은 반나절을 넘기지 못하고 기수를 돌려 모항으로 회귀해야만 했다. 잠시 양심을 벗어놓고 물질을 택한 어느 승객 덕분이다. 현실이라는 울타리를 박차고 튕겨 나갔던 붕 뜬 마음이 제자리로 돌아와 안착하게 되었으니 고마운 처사가 아닌가!

'색즉시공色卽是空 공즉시색空卽是色' 물질이 곧 허공이고 허공이 곧 물질이라는 불경의 말씀이 생각난다. 눈에 보이는 물질이 전부인 양 살아가는 중생의 무명無明을 어찌하면 벗을 수 있을는지…. 잠시나마 소유욕에 얽매어 가슴앓이 했던 아픈 기억과, 우울한 감정이 부추긴 어설픈 연출로 소중한 하루를 허비한 일이 후회로 남는다. 그러나 얻은 것 또한 적지 않다. 자신의 눈에 대들보는 못 보면서 남의 눈에 가시는 잘 본다는 속담처럼 자기합리화에 너그러운 자신의 모습도 보게 되고, 마음을 비우는 삶의 지혜도 배우게 되었으니 말이다. 그 어느 해보다 기억에 남을 긴 하루, 애환이 교차하는 어버이날을 경험한 셈이다. 오늘 내 마음의 일기예보는 '한때 흐리고 맑음'으로 정정해야 할 것 같다.

4부

추억은 샘물처럼

멈춤

‘사회적 거리 두기’, ‘멈춤’, 코로나가 만들어낸 낯선 행동강령이다. 떨어져 사는 자식들의 걱정어린 안부전화가 족쇄를 더 단단히 조이게 한다. 스스로 자가 격리하며 인내심을 문패처럼 내걸었다, 두문불출이다. 거의 매일 만나던 가까운 친구와의 왕래도 끊겼다. 못 건너는 강, 은하수처럼 사람과 사람 사이에 코로나가 흐른다. 생필품도 온라인 거래로 조달한다. “비대면 배송입니다.” 문자 통보다. 발 빠른 택배기사가 어느새 다녀갔는지, 문밖엔 물건 꾸러미만 덩그러니 나를 맞는다. 감염 고위험군에 속하니 이런 예방수칙을 어기면 무슨 불상사가 닥칠지 모른다는 생각에, 하루하루가 긴장과 불안의 연속이다.

장영희 수필가의 유고작 《살아온 기적 살아갈 기적》에서 보듯, ‘평범한 일상이 기적’일 수 있다는 생각을 떨칠 수가 없다. 자유롭게 거리를 구경하고 마트에 들러 쇼핑을 하고, 가까운 이들과 식사를 하며 정담을 나눌 수 있었던 그 일상이 소중하게 느껴지는 요즘이다. 베란다로 나가 창밖을 기웃거려 본다. 사람의 그림자 하나 구경할 수 없는 텅 빈 거리, 참 쓸쓸한 풍경이다. 얼마나 더 참아야 허리케인보다 강하게 불어 닥친 코로나19가 지나가고 평화로운 일상이 우리 곁에 와 줄까?

이제껏 단 한번도 '멈춤'이라는 속박을 경험해보지 못한 나의 애마 11호! 묶여 지내는 요즘, 좀이 쑤셔 안달이다.

"아직은 삐걱대지도 않는 멀쩡한 내가 왜 이 좁은 공간에 멈춰 있어야 하는 거야! 탁 트인 하늘을 이고 땅 냄새 맡으며 세상 속으로 애마는 달리고 싶다." 일인 시위자의 외로운 외침처럼 허공에 흩어지는 속 언어다.

"11호야! 코로나라는 아주 작은 미생물로 인해 멈춘 건 너뿐이 아니란다. 세계 도시들의 풍경이 정물처럼 멈췄단다. 생산 공장 굴뚝에 연기가 멈췄고, 다중이용시설이나 음식점, 상점, 학교 등 사람이 모이는 곳이면 어디든 멈춤의 그림자가 어둡게 드리웠으니까. 전대미문의 세계적 재앙이 아닐 수 없단다."

무료한 오후, 소파에 털썩 몸을 부려 놓고 휴업중인 11호를 가까이 불러들인다. 발바닥 반사구를 지압 봉으로 꾹꾹 눌러주며 굳은살 진 세월의 흔적들을 읽는다. 긴 상념의 꼬리가 별똥별처럼 스쳐 지나간다. 참 고마운 친구다. 내가 가고 싶은 곳 그 어디라도 알아서 데려다주는 로드 매니저가 아닌가! 77년 동안 쉼 없이 달려온 인생역정의 궤적이 그 안에 있었다. 그가 아니었음 지구 저편까지 세상 구경이 어찌 가능했으랴. 장기

근속의 숨은 공을 이제야 알아차리다니 무심했던 자신을 타박해 본다. 어쩌다 탈이 났을 때나 관심 있게 들여다봤을 뿐, 장거리 주행의 노고에도 위로의 말 한마디 건넬 줄 몰랐다. 낮은 자리에서 묵묵히 제 할 일만 하는 친구! 그저 고맙고 미안할 뿐이다.

평생 무사고 운행으로 나의 길라잡이가 되어준 애마 11호와 '멈춤'이 마련해준 느긋한 시공 안에서 둘만의 대화를 이어가 본다. 혜민 스님 말씀처럼 멈추면 비로소 보이는 것들이 있는지 진지하게 자문도 해보면서….

"11호야! 우선 이해를 구한다. 갑갑하고 따분하겠지만 때가 때이니만큼 진득하게 참아주기 바란다. 의지와는 상관없이 졸지에 백수 신세가 되었으니 네 몸에 가시가 돋칠 일이지만 때로는 쉼도, 멈춤도 필요할 때가 있단다. 머지않아 불법 침입자 코로나가 백기 들고 물러날 때가 올 거야. 그때까지만 잘 버텨보자꾸나. 넘어진 김에 쉬어간다는 속담이 있지. 앞만 보고 숨 가쁘게 달려 왔으니 이참에 타임머신 타고, 온 길을 되짚어 시간여행 한 번 떠나보는 게 어떨까. 동의하지?

꼬물꼬물 첫 울음 터뜨리며 세상 구경 나온 날 기억하니? 그날 이후 오늘에 이르기까지 내 삶의 족적으로 오롯이 남을, 많은 일들을 네가 해냈단다.

까마득한 그 옛 길을 더듬어 따라가 볼까?

태어나서 1년쯤 되었을 때 결 고운 명주처럼 보드라운 두발로 걸음마부터 배웠지. 넘어지며 깨지며 오뚝이처럼 다시 일어서기도 하면서…. 아장 걸음에 힘이 붙고 뛰어다닐 수 있도록 세월이 도와주었단다. 코흘리개 손수건을 가슴에 달고 처음 학교라는 곳엘 걸어서 갈 만큼 성장했지. 헌데 입학한 지 몇 달 후 한국전쟁이 터져 그 작은 발로 피난길에 올랐고, 머리 위로 씽씽 지나가는 총탄 소리에 맥없이 주저앉기도 했단다. 세월이 흐르고 초등학교 4학년이 됐을 땐 달리기 선수로 뽑힐 만큼 강건해진 네가 얼마나 자랑스러웠던지….

그 후 강산이 세 번이나 변할 만큼의 시간이 흘러 어른이 되었고, 더욱 탄탄해진 건각은 높은 산도 거뜬히 정복할 수 있게 되었지. 보무도 당당하게 너와 함께 등정해 본 산 중, 제일은 금강산이었단다. 내 생전 다시 가볼 수 있을까? 그래, 욕심일 거야. 세계 이곳저곳을 기웃거려 볼 배낭여행은 이루지 못한 꿈으로 남았단다. 가까운 이웃 일본과 몇몇 나라 땅에 발도장 찍고 온 건 기억하지? 이번 코로나의 발생지, 거대한 중국 땅도 밟았었지. 장가계 원가계의 비경도 네 도움 없이는 눈에 담을 수 없었을 거야. 또 미국의 광활한 대지를 밟아보는 기쁨도 컸단다. 애리조나 주 사막에 핀 꽃으로 비유되는 신비의 도시 세도나! 볼텍스 기운이 서려 있다는 붉은 땅, 붉은 바위에 인디언의 혼이 서려 있는 것 같은 느낌이었지. 신의 작품이라는 그랜드 캐니언의 웅장한 모습도 영화의 한 장면을 보는 듯 감동적이었어. 그리고 막내딸 결혼식을 위해 아름다운 섬나라 괌에도 다녀왔지. 산호 서식지로 유명한 그 맑고 푸른 바다, 기억하니? 강렬한 태양아래 떡가루처럼 펼쳐진 하얀 모래해변이 지금도 눈에 선하단다.

직장 은퇴 후 내 인생의 전환점을 찍게 해준 늦깎이 글공부도 너의 부지런한 행보가 있어 가능했단다. 아름다운 우리강산 구석구석 문우들과 함께한 문학기행은, 무엇과도 바꿀 수 없는 내 삶의 값진 수확이었지. 탈 없이 잘 인도해준 네 덕이란다.

11호야! '멈춤'이 제공해 준 시간여행, 기억의 꼬리를 잡고 여유롭게 잘 다녀왔는지 모르겠구나. 너와 동행하며 지나온 여정들을 되짚어 보니 하루 저녁 꿈만 같은데, 어느새 금빛 황혼이 번지는 서녘 하늘 아래 우뚝 서 있는 나를 보게 된다.

멈춤 안에서 생각은 더 고요해지고 깊어져 자숙의 시간을 챙길 수 있었단다. 가끔씩은 이런 멈춤의 여백도 필요하다는 것, 이번 기회에 배운다.

앞만 보고 힘차게 말 달리던 인디언이 가끔 멈춰 서서 뒤를 돌아보는 것은, 영혼이 잘 따라오도록 기다려주는 거라지? 급변하는 세류에 뒤쳐질세라 촉을 세우는 조급함도 잠시 내려놓고, 내 안으로 흐르는 사유의 강 깊숙이 침잠해 보는 건 어떨까 싶구나."

'코로나'가, '멈춤'이 또 하나의 교훈을 남긴다. 일상의 소중함, 관계맺음, 그리고 소통이 얼마나 중요한지를 생각하게 한다. 국가와 국가, 정부와 국민, 사람과 자연, 그리고 이웃과의 소통이 절실함을 느낀다.

역설적이게도 코로나가 멈추게 해준 다행스런 일면도 있다고 생각한다. 지구촌 곳곳에서 일어나고 있는 분쟁이나 국가 간 전쟁이 휴전 상태로 일단 멈추게 되었다는 것, 그리고 대기 오염물질과 미세먼지가 줄었다는 사실이 그렇다. 코로나로 희생된 사망자보다 그 기간에 발생했을 미세먼지로 인한 사망률이 더 클 수 있다는 통계다. 그렇다고 보면 코로나는 현대문명의 빛에 가려져 날로 피폐해져가는 자연환경에 대한 지구의 경고 메시지가 아닐까.

내 인생의 사계절

인생의 사계절을 생각해본다.

질곡의 세월을 파도 타듯 넘고 넘어 마지막 기착지에 도달할 나이가 되었다. 이 해가 이울면 집나이로 팔십이 된다. 뒤돌아보니 여기까지도 고마운 세월이다. 팔십 평생을 내 인생의 사계절로 나누다 보니 20년씩이다.

연둣빛 새싹 움트는 봄은 따사롭기 만했다. 부모님과 형제자매의 사랑 속에 마냥 행복했던 유년이 있었고, 좀 더 자라서는 내 집 울타리 너머 학교라는 새로운 세계가 기다리고 있었다. 함께 어우러져 사는 법을 몸으로 익히도록 도와주시던 선생님과의 선한 인연, 어깨동무 친구들과의 순수한 우정, 이런 귀한 시간들이 나를 훌쩍 자라게 해 주었다. 고통이라는 단어를 모르고 지낸 내 인생의 꽃길이 여기까지가 아니었을까.

학창시절을 마감하고 사회에 첫 발을 내딛는 순간 홀로서기의 인생 수업이 기다리고 있었다. 새 풀잎처럼 향기롭고 순수했던 내 인생의 첫 스무 살을 회억해 본다. 화장기 없는 맨얼굴에 곱게 땋아 내린 갈래머리를 하고 생존경쟁의 허허벌판에 첫 발을 내디딘 곳이 인연의 땅 천안이었다. 이 터전이 제2의 고향이 될 줄 꿈엔들 생각이나 했을까. 하늘 아래 가장 편안한 곳이라는 이 땅에서 인연을 만나 결혼을 했고 아이들 셋 낳아 기르면서 직장생활도 병행해야 했으니 일인삼역의 고달픈 시기가 20년을 채웠다. 그러나 그 스무고개는 가족이 함께 넘을 수 있었기에 힘들어도 힘든 줄 모르고 지낸 새파란 젊음의 시기였다. 내 인생의 두 번째 계절은 개미처럼 일하며 땀 흘린 땡볕 여름이었으리. 힘든 계절이었지만 잘 참고 넘길 수 있었던 건 통통 익어가는 가을이 선물처럼 와 주리라는 기대와 위안이 있었기 때문이리라. 하나 그 두 번째 스무고개를 넘어서려는 순간, 나 홀로 감당하기엔 너무도 큰 운명의 파도가 덮쳐왔다. 하룻밤 사이 생떼 같은 지아비가 갑자기 하늘나라 사람이 되어 떠났다. 황망함 속에 맞이한 내 인생의 두 번째 스무 살은 청상의 한을 안겨준 잔인한 계절이었다. 믿었던 하늘이 이리도 쉽게 무너져 내리다니! 꿈만 같은 현실 앞에서 정신을 바짝 차려야만 했다. 어미 닭만 졸졸 따르는 여린 병아리 셋을 품어 지켜야 했기에. 준비도 안 된 상태로 떠 맡겨진 가장의 자리가 막막하기만 했다. 천만다행으로 일 년 전 퇴직한 직장에서 다시 일할 수 있도록 자리를 마련해 주었다. 정년이 될 때까지 직장생활은 보장되었으나, IMF로 기업 경영이 어려워지자 구조 조정이 불가피하게 되었다. 그

일환으로 조기퇴직이나 명예퇴직이 권유되기도 했었다. 35년이라는 긴 세월을 한 직장에서 마무리하고 2000년 12월, 정년을 몇 개월 남겨 놓고 명예퇴직을 했다. 바쁘게 직장과 가정을 오가며 일에 파묻혀 살았던 20년, 여기까지가 내 인생의 세 번째 계절, 가을이 아니었을까. 결실은 미미했으나 세 아이들 교육을 마칠 수 있었고 큰 과오 없이 정년을 맞을 수 있어 그 세월 역시 고맙고 대견했다.

퇴직 후 내 인생의 마지막 계절을 어떻게 갈무리해야 할지 막막했다. 황혼의 빈 벌판에 쓸쓸히 누워 있는 야윈 그림자를 보는 느낌이랄까?

정해진 궤도를 따라 규칙적으로 운행하던 공직생활 열차에서 하차하고 보니, 방향감각을 잃어버린 듯 세상의 뭇 길이 낯설기만 했다. 시곗바늘 따라 움직이던 빼곡한 일상에서 벗어난 해방감도 잠시, 어느 정점에 달하자 무위의 시간이 지루해지기 시작했다. 생활에 리듬감이 끊기고 느슨해질 무렵 우연한 기회에 수필을 만났다. 내 인생의 변곡점을 찍게 해준 귀한 인연이었다. 생활전선에 뛰어들면서 언감생심 꿈엔들 생각이나 할 수 있었으랴. 망각의 강물에 띄워 보냈던 문학에의 요원한 꿈이 회귀한 듯, 늦깎이 글쟁이의 묵정밭에 땅심을 돋우게 하는 물꼬가 돼주었다.

마지막 계절을 맞이하면서 비로소 주어진 나의 길, 나의 시간이다. 지나온 세월 굽이굽이 묻어 두었던 삶의 퍼즐 조각들을 끄집어내어, 조용히 행간을 채워보리라 마음먹었다. 하나 마음같이 쉽지 않은 작업이었다. 문학이라는 토대 위에 튼실한 집을 세우려면 주춧돌이 바르게 서야 되고, 그러기 위해 터를 다지는 기초 작업부터 착실히 했어야 했다. 그러나 오늘이 내 인생의 가장 젊은 날이라 하지 않던가. 걸음마부터 하나 하나 배우는 기쁨은 그 무엇과도 바꿀 수 없는 삶의 가치였다. 사는 법을 배우고 인생과 철학을 논하고, 선대 문인들의 사상과 시대정신에도 탐닉해 보는 의미 있는 순간들이었다. 문우들과의 끈끈한 교류, 사유와 관찰의 기회를 공유하는 문학기행, 자연과 하나 되는 야외수업 등은 글공부에 큰 도움이 되었다.

돌이켜보면 내 인생의 마지막 계절 20년은 수필과 함께여서 많이 행복했다. 영혼의 허기를 채워주는 좋은 수필 한 편과 만났을 때의 포만감! 이보다 더한 진수성찬이 어디 있으랴. 나도 누군가에게 이런 감동과 기쁨을 선사할 수 있는 수필 하나 건져 올릴 수 있다면 얼마나 좋을꼬.

내 인생의 네 번째 스무 살! 마지막 계절이, 더디 내리는 겨울 햇살 한 줌 받아 마시며 빈 가지로 우뚝 서있다. 긴 동면을 준비하면서….

황혼에 만난 길벗

'나이를 먹는다는 것은 수많은 질병과의 조우이다.'라고 누군가는 말했다. 언제 어떤 병마와 맞닥뜨릴지 모를 노년의 삶은, 아프지 않고 지나가는 하루하루가 기적이라는 생각마저 든다. 복잡 미묘한 우리 육체의 구조만큼이나 질병의 종류도 참으로 많은 것 같다. 그중에서도 황혼세대를 가장 두렵게 만드는 것은 나를 잃어버리는 병, 치매가 아닐까.

생명연장을 위한 최첨단 의료기술과 뇌과학 연구 등, 의학은 눈부시게 발전하고 있지만 치매인구는 날로 늘어나는 추세라고 한다. 인간의 평균 수명이 늘어난 탓도 있거니와, 고령화에 따른 선진 복지 정책을 미리 준비하지 못한 의료당국의 책임도 있지 않을까 싶다.

인생초로人生草露라 했던가! 풀잎에 맺힌 아침 이슬처럼 잠깐 머물다 가는 게 인생이라는데, 그 짧은 생애 동안 우리가 누리는 행복의 순간은 얼마나 될까. 축복 속에 태어난 생명이지만 그 순간부터 우리 몸은 순환의 법칙에 따라, 늙고 병들고 소멸되어 다시 자연으로 돌아가는 유한한 존재다.

노화현상 자체가 곧 병이라고 주장하는 전문가의 얘기를 들은 적이 있다. 늙음과 병은 공존관계인 셈이다. 기척도 없이 어느 날 느닷없이 찾아오는 병마를 스스로 다스릴 수 있는 힘! 자연치유력이 예전 같지 않음을 느낀다. 녹슨 세월의 앙금이 내 몸 구석구석에 퇴적물로 쌓여 흐름을 방해하고 있는지도 모를 일이다. 나도 모르는 사이, 그 누가 숨어들어 멀쩡하던 기억세포를 하나씩 도적질해간 것일까. 그 빈자리에는 건망증이 제 집인 양 들어앉아 득세를 한다.

지인의 이름 석 자가 망각의 지우개로 지워버린 듯 깜깜할 때가 종종 있다. 방금 전에 했던 일도 기억이 나질 않는다. 양치질을 한 것도 같고 안 한 것도 같아 칫솔을 털어 물기를 확인하곤 한다. 약봉지에 요일을 적어 놓고도 깜빡하고 건너뛰기 일쑤고, 가스레인지 불을 끄지 않고 외출을 하는 위험천만한 실수도 저지른다. 내 뇌의 메모리 기능이 엉망으로 파괴되어, 백지 상태가 되는 건 아닌지 짐짓 두려움이 밀려올 때도 있다. 내 몸 어딘가에 기억장치를 되살리는 리셋버튼이 달려 있다면 좋으련만….

언젠가 텔레비전에서 '적자생존'이라는 단어를 내세워 건망증에 대한 강의를 하고 있었다. 사자성어가 아닌 '적어야 산다.'는 뜻이었다. 씁쓸하면서도 수긍할 수밖에 없는 그 말에 고개를 주억거렸던 기억이 난다.

집중력과 기억력이 가장 왕성할 때는 화장실에 앉아 있을 때와 잠들기 바로 전이라 한다. 유태인 어머니들은 아이들이 잠들기 전, 침대 머리맡에서 속삭이듯 역사책을 읽어 준다고 한다. 그 위대한 민족정신과 애국심을 키워낸 것은, 바로 이 지혜로운 가정교육의 힘이 아니었을까.

알고 있던 단어가 갑자기 떠오르지 않아 화장실 요법을 동원 해보기도 하고, 학습반응 기억을 담당하는 소뇌 쪽을 톡톡 퉁겨 보기도 한다. 그러나 기억을 되찾는 데는 반나절, 또는 그 이상 긴 시간이 걸릴 때도 있다. 이런 망각 현상들은 정도의 차이는 있지만 내 또래 친구들이 다반사로 겪는 '나이병'이라 할 수 있다.

오랜만에 초등학교 친구들과 만나면 순수한 동심의 세계로 시간여행을 떠날 수 있어 좋다. 반세기를 훌쩍 넘어 60여 년 전, 코흘리개 앳된 얼굴들이 주름진 묵은 나이테를 헤집고 아름아름 되살아난다.

"야, 순딩아! 우리도 이젠 나이가 들긴 들었나 봐. 요즘 난 정신을 어디로 이민 보내고 사는지 통 모르겠다."

집밖으로 배출할 음식물 쓰레기를 꽁꽁 묶어 냉동실에 집어넣고는 한참을 찾았단다. 그뿐이랴! 다른 친구들의 건망증 사례도 줄줄이 포문을 열고 터져 나온다. 모두가 뱃살을 잡고 눈물 나도록 웃어댄다. 그러나 마냥 유쾌할 수만은 없는 웃음! 그 웃음 뒤엔 서글픈 한숨이, 한숨 뒤엔 켜켜이 쌓인 질곡의 세월이 긴 그림자로 누워 있다.

세월의 지름길로 제 먼저 알고 찾아온 황혼의 친구 건망증이 어찌 고약하다고만 할 수 있겠는가! 순탄치만은 않았을 삶의 아픈 기억, 좋은 기억, 사사건건 다 끌어안고 산다면 과부하가 걸릴지도 모를 일, 더러는 털어내고 살아야 하리.

물처럼 세월처럼 거스를 수 없는 생로병사의 과정이라면, 기꺼이 함께 가는 지혜를 터득할 일이다.

나이가 들며 점점 어두워지는 눈, 안 들리는 귀, 둔해지는 몸동작, 이 모두가 생멸生滅의 조화를 위한 자연의 질서이리라. 어렵고 힘든 세월 살아냈으니 이젠 세상의 험한 모습 덜 보게 하려고 미리 설계해 놓은 노안이며. 거친 소리 덜 들으라고 반쯤 닫아 놓은 가는귀, 느슨해지는 사지의 감각, 이 또한 서두르지 말고 육신 좀 편히 쉬다 가라는 신의 깊은 배려가 아니겠는가.

세월이 데려온 친구, 건망증! 황혼에 만난 길벗이라 생각하고 어우렁더우렁 함께 갈 준비를 해야 하지 않을까. 하지만 나를 잃어버리는 무서운 병! 그 친구만은 영영 따돌리고 싶다.

우체통 앞에 서면

언제부터 그 자리에 터를 잡고 있었을까. 우리 동네 큰길가에도 빨간 우체통 하나 외롭게 서있다. 사람들이 눈길 한번 주지 않아 늘 풀 죽은 모습이다. 예전엔 그래도 꽤 많은 편지들이 임자를 만나기 전 잠시 여장을 풀며 쉬어가던 중간 휴게소였으리라. 요즘은 거의 외면당한 채 할 일을 잃어가고 있는 우체통. 빠르고 편한 것만 추구하는 디지털 세상이 많은 것을 바꾸어 놓고 있다. 수많은 발길들이 총총히 밀려오고 사라지고, 거리는 늘 사람들로 붐비지만 텅 빈 속을 채워줄 편지봉투는 만날 수 없나보다. 주위엔 갈바람 따라 이리저리 몸을 뒤척이며 영면할 자리를 찾고 있는, 낙엽편지들만 수두룩하다.

붓 끝에 그리움 실어 정성으로 눌러쓴 육필 편지를 우체통에 집어넣고는, 돌아서면서부터 설레는 마음으로 답장을 기다리던 그때 그 시절이 생각난다.

전화기도 구경하기 힘들었던 시절, 유일한 통신수단은 편지나 전보였다. 밤이 이슥하도록 긴 사연의 편지를 쓰곤 했다. 서리서리 풀어놓은 속마음을 간동하게 추리고 다듬어 편지지 위에 올리기까진, 꽤 많은 시간과 정성을 쏟아야 했다. 종이도 흔치 않았던 그 시절엔 누런 양면괘지가 편지지로 널리 쓰였다. 지금처럼 화사하고 예쁜 색상의 편지지는 상상도 못했다. 다만 책갈피에 넣어 두었던 마른꽃잎이나 네잎클로버로 치장한 꽃 편지가 있었을 뿐.

불과 몇십 년 전 일인데 지금은 옛날얘기가 돼버렸다. 초고속 인터넷세상이 온통 삶의 방식들을 바꾸어 놓았다. 실시간으로 대화할 수 있는 카톡문자도 있고 표정까지 읽을 수 있는 영상통화도 가능한 세상이다. 육필 편지로 그리움을 전하던 그 시절의 추억은, 우리 세대만이 누리던 아날로그적 감상이 아닐까 싶다. 인생과 문학을 이야기하며 밤늦도록 우정의 대화를 이어가던, 그런 정서적 여유를 현 세대들은 영원히 느껴보지 못할지도 모른다.

언젠가 읽었던 그림동화책 《TV동화 행복한 세상》에 〈두루마리 편지〉라는 글제의 이야기가 있다. 우리의 주변에서 흔히 볼 수 있는 실화를 주제로 한 내용이었다. 비록 짧은 이야기지만 읽어 내려가는 동안 콧잔등이 시큰해지는 잔잔한 감동을 느낄 수 있었다.

한 가장이 실직을 했다. 가족들을 실망시키지 않으려고 백방으로 다른 일자리를 찾아 헤매며 숨겨 왔지만, 일은 쉽게 풀리지 않았고 종내는 깊은 좌절에 빠져 스스로 생을 포기할 지경에 까지 이르게 되었다. 진즉 느낌으로 알 수 있었던 가족들은 아빠에게 조금이라도 힘이 되어 주고 싶었다. 밖에서 만나 식사를 하기로 약속을 했고 아내와 두 남매가 한 자리에 모였다. 평소와 다름없는 밝은 표정으로 먼저 아들이 두루마리 편지를 아빠 앞에 내 놓았다. 살아오면서 아빠에게 고마웠던 일, 스물여섯 가지를 죽 나열한 사랑의 편지였다. 그 다음 딸아이도, 아내도 변함없이 존경하고 사랑하고 감사하다는 내용의 두루마리편지를 안겨주었다. 아빠는 마음을 돌려 다시 일어날 용기를 얻게 되었다. 살아갈 힘이 되어주는 가족의 의미, 그리고 변함없이 자신을 감싸주고 있는 따뜻한 혈연의 정, 아빠는 살아갈 가치가 있는 존재임을 스스로 깨닫게 되고 자존감을 회복할 수 있었다. 사랑을 담은 편지 한 통이 어떤 위로보다 다사롭다는 교훈을 일깨워 주고 있다.

'두루마리 편지' 하면 떠오르는 젊은 날의 추억이 나에게도 있다. 수줍은 처녀의 가슴속에 사랑의 불씨를 지피게 한 촉매가 바로 이 두루마리 편지였다. 내용을 음미하기도 전 하얀 백지 위에 세로글씨로 정갈하게 열을 맞춘 붓글씨가 마음을 사로잡았다. 그 옛날 이 도령이 춘향이에게 보낸 연서가 이보다 더 정성스러웠을까. 그 후 두루마리 편지의 사연만큼 긴 만남이 이어졌으니 그이와의 인연에 가교 역할을 해준 셈이 된다. 어려웠던 60년대 중반, 그땐 서로 안부를 묻는 전화통화도 쉽지 않았다. 마음을 실어 편지를 썼고 정성스레 우표를 붙여 가슴에 품고 우체통으로 향하는 발걸음은 가벼웠다. 답장이 올 때 까지 그리움을 삭이며 기다리는 즐거움도 컸다.

진심이 담긴 편지 한통이 자칫 잃을 뻔했던 생명을 지켜내는 방편이 되기도 하고, 지면에 녹아 있는 따뜻한 말 한마디가 자신감 이라는 큰 선물을 안겨 주기도 한다. 연인에게 안긴 편지는 뜨거운 열정과 진심이 통하는 가교가 되고 애틋한 사랑도 고스란히 담아내는 그릇이 된다. 순수한 마음이 응축된 육필 편지야말로 사랑과 정성의 결정체가 아닐까.

지난 추석이었다. 차례상 준비로 허리 펼 새 없이 분주하던 참에 문자 신호음이 들려 열어보았다. 학창시절 단짝 친구한테서 단문의 편지가 와 있었다. '친구야, 창밖에 달 좀 보고 자. 건강하렴.' 간단한 내용이었지만 백 마디 대화보다 깊은 감동을 주는 한마디 속삭임이었다. 친구의 따뜻한 마음이 그대로 달덩이에 실려와 내 몸과 마음을 위무하는 듯했다. 하마 놓칠 뻔했던 탐스런 달구경을 하며 망중한 옛 추억에 잠시 취할 수 있었다. 단 한 줄의 단문편지였지만 고단했던 하루의 피로를 말끔히 씻어내기에 충분했다.

허기진 모습으로 쓸쓸하게 서 있는 우체통과 마주칠 때면 괜스레 미안해진다. 바쁘게 돌아가는 세상에 외면당한 우체통! 가뭇없이 사라진 옛 추억의 그림자 같다. 그 앞에서 잠시 호흡을 고른다. 무엇을 향해 가는 발걸음인지도 모른 채 실속 없이 허둥대며, 무언가를 놓치고 사는 자신의 모습을 바라보게 한다.

깊어가는 가을의 끝자락을 잡고 계절이 주는 넉넉함으로 긴 가을편지를 써보는 것도 좋으리라. “가을엔 편지를 쓰겠어요. 누구라도 그대가 되어……” 굳이 수취인이 생각나지 않는다면 내가 나에게 띄우는 편지라도 괜찮지 않을까?

일기, 사유의 뜰을 일구다

창고용으로 쓰는 모서리방에 모처럼 청소바람이 불었다. 허접스러운 세간살이가 답답하게 들어차 있어 발 디딜 틈이 없다. 오랜 세월 긴 잠에 빠져 있던 종이 상자들이 하나, 둘 지목을 받고 끌려 나왔다. 어떤 물건들이 들어 있는지 감감하다. 그중 하나를 열어 보았다. 세월에 익어 누렇게 변한 옛날 상장이며 졸업장, 졸업앨범들의 행색이 꾀죄죄했다. 두 번째 상자에는 직장생활할 때의 흔적들이 고스란히 담겨 있었다. 표창장이며 임명장, 우표수집책 그리고 연도별로 차곡차곡 묶어놓은 월급봉투도 얌전히 제자리를 지키고 있었다. 감회가 새로웠다. 마지막 상자에는 37년 전 일기장이 묵언 수행하는 수도승처럼 입을 굳게 닫고 있었다. 잊고 지낸 세월이 까마득하니 주인 얼굴 기억이나 할까. 묵은 먼지로 분칠한 일기장은 무표정한 얼굴이었다. 첫 장을 열었다. '영혼과의 대화'라 적혀 있었다. 빛바랜 일기장 속에서 새파랗게 젊었던 시절의 또 다른 나와 조우

하는 순간이었다.

'천국에 계신 당신에게'라는 제목으로 매일 매일 편지글을 써 내려갔다.

감당하지 못할 무게의 누름돌이 가슴을 옥죄고 있는데도 그 슬픔을 풀어낼 마땅한 시공간을 갖지 못했다. 눈앞에는 가족의 생계가 먼저 고개를 쳐들고 다가와 있었다. 둥지 속 제비 새끼들처럼 엄마 곁을 떠날 줄 모르는 아이들 눈치 보느라 울고 싶을 때 맘 놓고 울지 못했다. 그때 순간순간 목울대로 치솟는 목울음을 삼키지 않고, 쏟아낼 수 있는 유일한 상대가 일기장이었다.

하늘이 순식간에 무너져 내린 날! 컴퓨터의 하드웨어, 소프트웨어 모든 기능이 불시에 멈춰버린 것처럼, 내 육체와 정신을 주관하는 사령탑, 나의 뇌도 백지상태로 텅 빈 것일까, 아무 생각도 할 수 없었다. 그저 멍한 상태로 일주일이 지나고, 이대로 있다가는 제정신을 잃을 수도 있겠다는 섬뜩한 생각이 드는 순간 자리를 털고 일어났다. 스스로 돌파구를 찾아야 했다. 누군가에게 말을 걸어 이 슬픔 덩어리를 토해내지 않고는 못 배길 것 같았다. 나 아닌 세상 모두는 아무 일 없다는 듯 평온해 보이는 밤이 찾아왔다. 적막과 공허만이 가득한 공간, 내 옆에 있어야 할 그이 대신 노트 한 권이 놓여 있었다. 하얀 백지는 무슨 색깔이든 다 받아줄 것 같았다. 서러운 눈물도 깊은 한숨도 못 다한 이야기들도 모두 흡수해서 천국에 있는 그이에게 그대로 전해줄 것만 같았다.

세월이 약이라 했던가! 밤마다 일기와 대화하며 차츰 슬픔의 소용돌이에서 벗어날 수 있었고 냉혹한 현실을 직시하게 되었다. 운명은 왜 나에게만 이런 혹독한 벌을 내린 걸까, 하늘을 원망하기도 했다. 하지만 슬픔이나 원망이라는 감정은 내 안에서 스스로 일으킨 파도와 같다는 생각이 들었다. 바람이 잦아들면 그 물결 또한 잔잔해지지 않을까. 스스로 치유해야 하는 아픔이라는 것, 아무도 대신할 수 없다는 걸 수긍하기 시작했다.

진한 슬픔의 바다에 빠져보지 못한 인생은 고통의 산물인 진주의 가치를 이해하지 못하리라. 눈물이 고이지 않은 눈으로는 무지개를 볼 수 없듯이….

일기장에 펼쳐진 사유의 공간에서 삶의 본질이 무엇인가를 조금씩 터득해 갔다. 살 속을 파고드는 한여름의 따가운 햇볕도, 세찬 비바람의 매질도 견뎌내야 탐스런 과육으로 열매가 여물어 가듯, 인생길에도 예고되지 않은 시련과 고통이 굽이굽이 복병처럼 숨어 있다는 것을…. 우리네 삶은 원래 파도와 함께 가야할 고통의 바다, 고해라 하지 않던가! 그래도 살다보면 더러는 행복도 기쁨도 희망도 선물처럼 주어지니 덤이 얹어진 셈이다. 희로애락의 무늬가 씨줄 날줄로 직조되어 멋진 필목으로 완성되는 과정이 인생이라면, 굴곡진 삶의 무늬가 민무늬 천보다 훨씬 더 탄탄하고 무게 있어 보이지 않을까.

아이들 아빠가 먼 길 떠나시기 몇 달 전 일이었다. 17년이라는 긴 세월을 몸 담아온 작장인데 갑자기 그만두라 했다. 뜬금없는 제안에 조금은 당혹스러웠지만 가장의 말에 순종하기로 했다. 이제, 일 그만하고 아이들이나 돌보며 편히 지내라는 그이의 진심을 고맙게 받아들였다. 그러나 그 단란한 꿈은 3개월을 채우지 못하고 산산 조각이 났다. 운명의 장난이란 게 이런 것일까?

당장 살아갈 길이 막막했다. 줄곧 공직에만 몸담아 왔던 터라 바깥세상에는 어두웠다. 할 수 있는 일이 없었다. 절망에 빠져 있을 때, 다행히도 전 직장 상사께서 복직의 기회를 주셨다. 퇴직한 지 일 년 만의 일이었다. 덕분에 생계는 물론 세 자녀의 교육비도 지원받을 수 있었다. 직장과 집을 오가며 정신없이 살다보니 슬픔에 젖어볼 여유도, 외로움을 느낄 겨를도 없이 보낸 젊은 시절이었다. 일기장 두께만큼 세월도 쌓이고, 흘러간 시간만큼 슬픔도 사위어 갔다.

삶이 고달파져서일까, 천국으로 부친 편지가 공중분해 되어 주인을 찾아가지 못한 탓일까, 5~6년 지속 되다가 끝내는 대화의 끈을 놓아버렸다.

'영혼과의 대화'는 일방통행식 외로운 독백이었다. 화답 없는 메아리처럼, 허공에 흩어지는 구름조각처럼. 하지만 일기장 속에 토해낸 진솔한 언어들은 후일 글쓰기 공부의 밑거름이 되지 않았나 생각된다.

내 생애 가장 힘들었던 시기, 쳐진 어깨를 감싸주고 마음의 고통을 치유해주고 묵묵히 내 말을 다 들어 준 유일한 친구, '영혼과의 대화'에 오작교 역할을 충실히 해낸 일기장이기에 감회가 남다르다.

무엇보다 척박하기만 했던 내 사유의 뜰을, 비옥하게 일구어 준 일기장에게 깊은 감사의 인사를 건네고 싶다.

추억을 소환하다

겹겹이 둘러쳐진 산봉우리가 회색 하늘을 밀어 올리고 있었다. 골짜기마다 피어오르는 희뿌연 비안개는 비상하는 선녀의 옷자락이다.

지리산 자연휴양림으로 가는 길은 굽이굽이 멀기도 했다. 험난한 산길에 비까지 가세하니 바짝 긴장이 되어 오금이 저릴 정도였다. 그러구러 무사히 목적지에 당도할 수 있었다. 자연의 위용 앞에 나약한 인간은 겸손해질 수밖에 없다는 생각이 들었다. 지리산 자연휴양림은 조성된 지 꽤 오래되어 사람들의 손도 많이 탔을 법한데, 자연 생태가 그대로 보존된 청정한 도량 같았다. 장마가 시작된다는 6월의 막바지, 피부에 와 닿는 산 공기는 싸하면서도 그 맛은 신선 그 자체였다.

먼 길을 달려 막 도착한 나그네의 고단함을 아는 듯, 숲 속의 작은 집은 안온한 품을 내어 주며 우릴 반겼다.

짐을 푼 뒤 일행 중 한 친구는 저녁 준비에 나섰고, 산을 좋아하는 두 친구는 부리나케 빠져나가 추적추적 내리는 빗길에도 산행에 나섰다. 남아있던 친구 중 서너 명도 주변 경관을 감상하기 위해 밖으로 나왔다. 질경이가 지천이고 민들레 씀바귀 취나물도 눈에 띄었다. 숙소 옆으로 계곡물이 흘렀다. 높고 낮은 계곡의 경사면에 따라 물줄기가 내는 소리도 각기 달랐다. '좔좔 콸콸' 켜켜이 쌓인 내 안의 쓰레기까지 말끔하게 쓸려나간 듯 속이 후련했다. 계곡물을 가로지르는 출렁다리를 조심조심 건너 등산로에 오른다. 크고 작은 폭포가 액자 속 그림 같다. 계곡 아래로 급 하강하며 토해내는 우렁찬 함성이 온 산을 흔들어 깨우는 듯했다. 생존경쟁의 아귀다툼으로 지고 새는 도시의 풍경과는 영 다른 세상이다. 쇳덩이처럼 달구어진 도로가 토해내는 열기와 자동차 소음 대신, 시원한 물소리 해맑은 새소리 신록이 내뿜는 싱그러운 바람소리가 자연을 노래하고 있었다. 오염된 공기와 미세먼지의 공포에서 벗어나, 산소와 피톤치드가 가득한 숲 속에서 몸과 마음을 힐링하는 호사를 누려본다. 그것도 맘 맞는 묵은 벗들과 함께여서 행복은 배가된다.

첩첩산중! 인적이라곤 찾기 힘들다. 아무리 주위를 둘러봐도 보이는 건 초록 그늘 드리운 산뿐이다. 울창한 숲과 계곡, 간간이 숲 사이로 흐르는 바람과 청량한 물소리 벗 삼아, 거기에 기대어 사는 뭇 생명체들이 이곳의 주인이 아닐까 싶다. 어지럼증 나는 속세를 벗어나 가끔은 이런 깊은 산골짝에 내던져진 채 자연이 들려주는 소리에 귀를 씻어 볼 일이다.

산 속의 저녁은 빨리 찾아온다. 어둑어둑 저녁연기 피어오를 시각인데

탁구공처럼 산속으로 튄 친구 한 명이 돌아오지 않아 애를 태운다. 우산을 챙겨 뒤따라 나선 친구와 함께 간 줄 알았는데 길이 엇갈린 모양이다. 늘 한 몸이 되어 붙어 다니던 핸드폰도 숙소에 놓고 나갔으니 난감하기 그지없다. 어두워지면 산길은 분간이 어렵다. 행여 산속에서 길을 잃은 건 아닌지, 저혈당으로 갑자기 다리에 힘이 빠진 건 아닌지, 지리산은 뱀이 많다는데 독사에 물린 건 아닌지, 불길한 상상이 꼬리에 꼬리를 물고 이어졌다. 이제나 저제나 기다리는 마음은 일각이 여삼추인데 무심한 시곗바늘은 제 속도로 또박또박 걷고 있다. 기다림의 한계가 넘어가고 있었다. 무슨 대책이라도 세워야 했다. 119에 신고하면 이 험한 산골짜기에도 와 줄 수는 있는 건지, 사고 지점도 모르니 이 넓은 산골짝을 다 뒤져볼 수도 없을 테고, 걱정은 눈덩이처럼 커져만 갔다. 지푸라기라도 잡는 심정으로 우선 관리 사무소에 부탁하여 방송이라도 의뢰해 보기로 했다.

"저기요 죄송한데요, 친구 한 명이 산속에서 길을 잃었는지 돌아올 시각이 훨씬 넘었는데 안 돌아와서요. 방송 좀 부탁해도 될까요?"

직원은 친절하게 다가와 몇 가지 물었다. 인상착의, 연령, 키 등을 기록한 뒤 방송실로 향했다. 다른 직원 한 분은 직접 산길 수색이라도 할 참인지 일행 중 한 친구를 대동하고 작은 트럭에 올랐다. 초조하고 불안한 마음이 조금은 누그러지며 희망의 불빛이 보이는 듯했다. 어둠에 갇힌 산은 커다란 위압감으로 다가온다. 이런 위기 상황에 손을 뻗어 도움을 요청할 수 있는 사람이 가까이 있다는 건 참으로 다행한 일이다. 우리가 사는 세상은 사람 속에서 사람과 어울려 서로 도움 주고 도움 받으며 기대어 살아야 함을 배운다. 한자의 사람 인人 자의 형상처럼 혼자서는 설 수 없다는 세상이치를 깨닫는다.

직원이 마이크를 잡고 방송을 시작하려던 찰나, 트럭도 시동을 걸고 산으로 막 출발하려던 순간, 조수석에 앉아 있던 친구의 핸드폰이 울렸다. 그 친구가 돌아왔다는 낭보였다. 불안과 근심 걱정이 한순간에 녹아내리며 안도의 숨이 길게 터져 나왔다. 우리 숙소에 밝은 빛이 되살아났다. 이 말썽꾸러기 친구가 돌아오면 벌을 주자고 단단히 벼르더니, 반갑고 고마운 마음에 환영의 박수가 먼저 터져 나왔다.

인생이라는 긴 여정에 옆을 내주는 친구 하나 없다면 얼마나 외롭고 삭막할까. 가까이 있어도 멀리 있어도 마음 한자락 차지하고 내 안에 눌러 사는 친구! 인생살이 고달플 때 힘이 되어주고 외로울 때 위안이 되어주는 진정한 친구 하나만 있어도 성공한 인생이라 하지 않던가!

어려운 시절을 함께 버텨온 죽마고우들이다. 바람이 새겨 놓은 모래톱마냥 친구들 얼굴엔 세월 무늬가 가득하다. 그 위에 철부지 앳된 얼굴을 퍼즐로 짜 맞추며 기억의 필름을 거꾸로 돌려본다.

긴 세월의 강을 거슬러 순수의 시절, 초등학교 어릴 적 추억들을 소환해 본다. 너나없이 헐벗고 배고픈 삶을 살았지만 부족한 것에 대한 불평불만은 모르고 살았다. 학교에 낼 공납금을 제때에 못내 수업시간에 쫓겨나 벌을 서도 부모를 원망하거나 부끄러워하지 않았다. 집안 사정을 뻔히 알기에 조를 수도 없었다. 허름한 보자기에 싸인 책과 필통이 소중한 보물단지인 양 품고 다녔다.

천막교실이 있던 자리에 크지는 않지만 제대로 된 학교 건물이 한 동 세워졌다. 우리들에겐 대궐 같았다. 매일 쓸고 닦고 바닥을 반들반들하게 만들었다. 진흙바닥이던 앞마당은 고사리 손으로 주어 나른 자갈과 모래가 다져져 훌륭한 운동장이 되었다. 여자아이들이 노래 장단에 맞춰 고무줄놀이를 하고 있을 때, 짓궂은 남자아이들은 고무줄을 싹둑 자르고는 시치미를 뗐다. 전기가 부족하던 시절, 촛불을 밝히고 시험공부 할 때도 장난꾸러기 친구는 호호 불며 촛불을 끄고 다녔다. 무서운 밤 귀갓길, 골목에 숨어 있다가 불쑥 튀어나와 우릴 놀래키곤 했는데 그 친구가 바로 오늘 실종 사건의 주인공 K였다. 밝은 성격에 호기심 많은 그 친구 덕분에 두고두고 잊지 못할 추억 나무 한 그루 지리산 자락에 또 심었다. 다음 계절에도 그 다음 계절에도 여전한 모습들로 자연을 만나러 올 수 있을까? 황혼이 지는 것은 또 다른 잉태를 위한 몸짓이거늘, 우리네 인생 노을은 한번 지면 그 뿐임을 어쩌랴. 그래도 남은 시간 더 곱게 신비스럽게 타올라야 하지 않겠나!

참 잘했어요

수런수런, 긴 겨울잠에서 깨어나는 대지의 하품소리가 들리는 듯합니다. 꽁꽁 언 땅속에서 기척도 없이 엎드려 있던 생명체들이 하나, 둘 앞다투어 봄 채비에 나서는 모양입니다.

선생님!

이렇게 끊임없이 순환하는 계절의 수레바퀴에 숱한 시간들이 쌓이고 쌓여 반백년이란 거대한 세월의 장강을 이루어 놓았습니다. 단발머리 앳된 소녀가 초로의 황혼기를 맞고 있으니 그 세월이 얼마이겠습니까. 50년 세월의 강 그 너머에 물안개처럼 아스라이 피어오르는 유년의 기억들이 빛바랜 흑백사진으로 눈앞에 펼쳐집니다.

전쟁의 폐허 위에 세워진 군용 천막 3동이 전부였던 우리 학교, 고사리 손으로 퍼 나른 자갈과 모래는 논바닥을 훌륭한 운동장으로 변모시켰지요. 비가 새어들고 눈발이 날아들던 허름한 천막교실, 그 안에서 선생님과의 인연이 시작되었습니다.

삘기풀 지천으로 깔린 논두렁을 천방지축 뛰어다니며, 지렁이 개구리도 함께 친구 되어 공부하던 그 시절이, 가장 행복한 유년의 추억으로 남아 있답니다. 하얀 도화지 위에 순수의 시대가 그림처럼 펼쳐집니다. 그리운 코흘리개 친구들의 장난기 어린 얼굴 사이로 큰 나무처럼 우뚝 서 계시던 선생님의 모습이 선연합니다.

열악한 교육환경 속에서도 젊음과 열정을 다 바쳐, 천둥벌거숭이 어린 것들을 사람으로 만들어 주시느라 애쓰셨습니다. 나른한 오후 수업시간엔 재밌는 얘기 한 토막으로 졸음을 말끔히 날려 주시기도 했지요. 과학상상 동화였던가요? '투명인간' 이라는 얘기를 얼마나 감명 깊게 들었던지 지금도 기억이 생생합니다. 과거로 떠나는 타임머신 티켓이 세상에 나온다면 얼마나 좋을까요? 그 시절 동심으로 돌아가 턱없이 작아진 의자와 책상에도 앉아보고 선생님의 구수한 옛날얘기에 흠뻑 빠져보는 행복한 상상을 해봅니다.

너나없이 가난과 궁핍에 찌들어 있던 혼란의 시기였지요. 선생님께선 황무지와 다름없는 저희들 가슴속에 꿈과 희망의 씨앗을 심어주셨습니다. 근면하고 성실하고 착하게 사는 법을 실천으로 보여주셨고, 우물 안이 전부인 줄 알았던 개구리들에게 세상 보는 눈을 틔어 주셨습니다.

살아오면서 순간순간 선생님 생각 날 때가 있었습니다. 삶의 무게가 버거울 때 일기장 앞에서, 늙마에 글공부 해보겠다고 수필 강좌에 뛰어 들었을 때, 어줍지 않은 글 솜씨나마 신인상에 뽑혔을 때, 지금도 원고지를 대하면서 마음속으로 큰절을 올리고 있답니다. 까마득히 먼 기억이지만 제게는 평생 잊히지 않는 칭찬 한마디가 뇌리에 확연히 각인되어 있답니다.

"참 잘했어요!"

5학년 때의 일입니다. '달님'이라는 제목으로 작문 숙제를 내 주셨습니다. 라디오도 없던 그 시절, 동네 어귀 넓은 신작로는 우리들 놀이터였고 휘영청 보름달이 낮처럼 밝은 밤이면 술래잡기 숨바꼭질로 시간 가는 줄 몰랐었지요. 그 때 올려다본 달님은 왜 그리도 밝고 커다란 얼굴로 나만 따라다니는지 신기했습니다. 그 때의 느낌과 생각을 원고지도 아닌 누런 시험용지에 써 냈는데, 뜻밖에도 선생님께선 반 친구들 앞에서 '참 잘했어요!'라는 칭찬으로 저를 황홀하게 만드셨습니다. 그 칭찬 한마디가 제 인생에 얼마나 큰 용기와 위안과 격려로 작용했는지요. 문학을 사랑하게 된 소녀의 가녀린 꿈이 모진 세파에 시달리면서도 꺼질듯 꺼지지 않는 불씨로 남을 수 있도록 다독여 주셨습니다.

이제 비둘기 빛 황혼을 바라보며 조용히 인생의 여정을 정리해야 할 시기에, 늦깎이 글공부 학생으로 붓을 놓지 않도록 다잡아 주셨답니다.

선생님! 수줍음 잘 타는 내성적인 아이에게 자신감을 불어 넣어준 그 칭찬 한 마디가 다시 듣고 싶어, 마음의 먹을 갈아 붓을 듭니다. 반세기 세월의 강을 거슬러 노스승님을 모신 추억의 자리에, 초로의 제자가 쓴 작품 하나 버젓이 선보이고 싶었습니다. 아직은 설익은 과일처럼 풋내 나는 글 솜씨입니다만, 세월이 익으면 아마도 농익은 과일 맛을 낼 수 있지 않겠느냐는 격려의 말씀도 덤으로 기대하면서 말입니다.

태어나면서 시작되는 부모님과의 인연 다음으로 소중한 만남이 선생님과 제자의 연이 아닐까 생각됩니다. 옛 어른들 말씀이 사부일체라 했거늘 마땅히 자식의 도리로 스승님을 모셔야 했습니다. 하나 불충한 제자 그 앎을 실천으로 옮기지 못했으니 배은망덕이 아니고 무엇이겠습니까.

그동안 사는 데만 급급하여 동분서주 하다 보니 사제의 정이 무심히 단절된 채 너무 먼 거리를 질주해 왔나 봅니다. 소원했던 세월의 무게만큼 제자의 도리 다 못한 죗값 또한 크고 무겁습니다. 그나마 사죄의 마음을 담은 서신 한통과 제 글이 실린 수필동인지를 보내드리게 되어 조금은 마음의 짐을 던 듯했습니다. 그러나 얼마 후 예상치 못했던 가슴 아픈 사연을 접하고, 납덩이처럼 무거워진 죄책감에 속울음을 삼켜야 했습니다.

지난번 스승의 날 친구들과 찾아갔을 때 생각 외로 수척해지신 모습 뵈옵고 가슴이 먹먹해지며, 이내 자신의 종아리를 치고 싶었습니다. 병증이 깊어지도록 걸음하지 못한 무심한 제자들인데, 그리 반갑게 맞아주시다니 죄스러워 몸 둘 바를 몰랐습니다. 여러 가지 합병증으로 시력을 잃어 제자가 보내준 책을 아직 펼쳐보지도 못해 미안하다시며 손을 잡아

주셨습니다. 서신과 책을 보내드린 후 아무런 화답이 없으셨던 이유를 그때서야 알게 되었습니다. 선생님, 게으른 제자 이제와 후회한들 무슨 소용이겠습니까,

청잣빛 수려한 글 솜씨는 못되더라도 좀 더 잘생긴 놈이 탄생하길 고대하며 미적미적 미루어 왔던 자신이 한심스럽기까지 합니다. 어린 시절 저를 기쁘게 해 주셨던 그 칭찬의 대가에 몇십 배의 보람을 얹어 되돌려 드리고 싶었는데, 헛된 욕심이 돌이킬 수없는 후회를 낳고 말았습니다.

선생님, 이제 칭찬이나 격려의 말씀 같은 건 아무래도 괜찮습니다. 하루속히 기력 되찾으셔서 구수한 추억담 들려주시던, 건강한 모습 여전히 뵈올 수 있기만을 소원합니다. 천막교실의 곰삭은 추억들을 함께 공유할 선생님이 계시다는 게 저희들에겐 얼마나 소중한 마음의 자산인지요.

사랑의 느티나무처럼 제자들에게 큰 그늘자락 드리워 베푸는 일에 일생을 바치신 선생님! 새싹이 자라 숲이 되고 나무가 되고 재목감의 훌륭한 거목이 될 때까지 필요한 자양분이 돼 주셨습니다. 그 큰 은혜에 보답은커녕 방관자 일 수밖에 없는 현실이 안타깝습니다.

그러나 선생님, 이제라도 마음속 심연에서 길어 올린 지극한 정성으로 간절히 기도하겠습니다. 쾌차하셔서 그리운 시절 옛이야기 풀어 추억 잔치 벌이며, 출중하셨던 그 총기로 꼬맹이 적 저희들 이름 하나하나

기억해 내셔야죠.

평안한 가운데 천수天壽 누리시며 오래오래 행복하시길 두 손 모아 간절히 기도합니다.

2006년 봄

그리운 선생님께

옛 제자 올림.

흑백사진 속 오래된 것들

한가로운 오후, 거실에 대자리를 펴고 스트레칭으로 몸을 풀어본다. 대자리의 촉감이 시원해서 좋긴 하나 너무 딱딱하여 꼬리뼈가 아우성이다. 그 위에 야외용 매트를 깔면 되겠다 싶어 창고용 모서리 방으로 발길을 옮긴다. 애물단지가 된 고가구며, 잡동사니 물건들이 온 방을 점령하고 있어 발 디딜 틈이 없다. 창틀 높이까지 포개포개 올라앉은 박스들이 먼저 눈에 들어온다. 안 쓰는 물건은 버리자. 졸지에 쓰레기로 전락한 물건들이 몇 무더기나 된다. 그중에는 반세기가 넘는 세월을 함께한 물건들도 있다. 낡고 오래됐다고 해서 함부로 쓰레기라는 꼬리표를 붙일 순 없는 일, 오래된 것들 중에는 보물하고도 바꿀 수 없는 나만의 명품, 추억의 물건들도 있다. 빛바랜 앨범 속 흑백사진이 그중 하나다.

앨범에서 떨어진 손톱만한 얼굴의 흑백사진 하날 주워든다. 누굴까?

낯설다. 누렇게 빛바랜 사진 속 얼굴을 한참 응시한다. 나빠진 시력 탓일까 하고 커다란 돋보기를 갖다 대본다. 첫째 같기도 하고, 둘째 같기도 하다. 앨범을 뒤져 어릴 적 아이들 사진과 대조하며 유추해본다. 맞다, 아들이다. 첫째인 딸과 얼굴이 많이 닮았었나 보다. 선생님도 증명사진을 앞에 놓고 누나인지 동생인지 헷갈린다 하셨다는 그 사진이다.

흑백사진들로만 채워진 앨범 하나를 펼쳐든다. 세월의 풍화작용으로 제 모습을 잃은 사진들! 단발머리에 교복 차림의 단정한 소녀가 낯설다. 촌스럽긴 하나 순수하다. 흑백시대, 그땐 그랬지! 되돌아 갈 수 없는 그때 그 시절이 좋았다고 누군가는 말한다. 지나간 것은 다 그리움의 대상이다.

나의 흑백시대는 결혼식 사진과 함께 사라지고, 아이들 낳아 기르던 그 시기에 총천연색 컬러사진이 등장한 것 같다. 그때는 카메라도 흔치 않았었다. 아이들 아빠가 큰맘 먹고 장만한 캐논이 우리 집 재산목록 1호였다. 얼마 사용해 보지도 못한 채, 영영 주인을 잃은 카메라가 되어버렸지만….

길거리에 나서면 벼이삭처럼 고개 숙인 보행인들이 자주 눈에 띈다. 지하철 안이나 버스 안 승객들의 눈동자도 거의 폰에 꽂혀 있다. 스마트폰이 생활필수품을 넘어 이제는 몸의 일부라도 되듯, 잠시만 떨어져 있어도 불안감을 느낀다고 한다. 폰이 현대인들의 일상에 얼마나 깊숙이 자리 잡고 있는지 짐작이 가는 얘기다. 수많은 정보가 손안에 들어있다. 필요한 정보를 검색창에 띄우기만 하면 머리를 안 쓰고도 답을 얻을 수 있는 편한 세상이다. 그 기능도 다양해서 사진기록은 물론 실시간 사진 전송도 가능하다.

최첨단 IT시대에 발맞추어 사진의 진화도 빠르게 이루어지고 있다. 흑백사진에서 컬러사진으로, 그 다음은 찍은 사진을 컴퓨터에 저장하는 디지털방식의 사진으로 발전했다. 요즘은 폰 하나로 많은 일들을 앉아서 처리한다. 언제 어디서나 실시간 영상 통화가 가능하고, 찍은 사진을 상대방 폰으로 순간 이동할 수도 있다. 또 움직이는 사진, 동영상도 가능하다. 얼마나 빠르고 편한 세상인가!

이런 스마트폰의 역할은 가족 간의 유대에도 큰 몫을 한다. 재롱둥이 손주 녀석이 보고플 땐 영상통화로 갈증을 해소한다. 외롭거나 한가로울 땐 폰에 저장된 녀석의 동영상 사진을 보며 혼자 미소 짓고 손뼉도 쳐준다. 태어난 날, 눈도 못 뜬 신생아의 모습에서부터 배꼽 떨어질 때의 순간 포착, 처음 뒤집기 할 때의 감격스런 모습도 있다. 걸음마에 도전하며 7전 8기하던 장한 모습도 보고 또 본다. 요즘은 몰라보게 훌쩍 자라 세 살배기 답지 않게 의젓하다. 말도 곧 잘한다. 한번 일러준 말은 잊지 않고 기억한다고 어미 아비는 퍽 신기해한다. '우리아기 천재 아니야?' 그 또래 아이들 엄마 아빠의 공통된 감탄사란다.

"할머니 뭐하는 사람이지?"

"할머니는 작가님."

"엄마는?"

"애니메이터."

아빠가 묻는 말에 곧잘 대답한다.

손주가 알고 있는 할머니의 또 다른 이름, 작가에 걸맞은 삶을 살아야 하는 큰 숙제를 떠안게 되었다. 가족 카톡방에 들어가 귀여운 손주 녀석 모습을 눈으로 더듬어 본다. '고맙다, 꿀봄아! 건강하게 자라줘서.' 꿀봄이는 손주 녀석 태명인데 어찌나 반가웠던 이름인지 지금도 가끔 불러보고 싶어지는 이름이다.

사진이 올라와 있는 카톡방을 수시로 드나들며 보고픈 얼굴들과 대화하다보면 그리움의 허기가 채워진다. 자식 걱정에 하루도 맘 편한 날 없는 어미를 적이 안심시키는 폰 속의 사진들! 가족의 근황을 실시간 생중계하는 매개체인 셈이니 어미로선 스마트폰이 효자다.

흑백사진 속 철없던 나와, 폰 하나로 보고픈 얼굴들을 맘껏 불러내는 최첨단 시대의 내가 마주했다. 그 시대적 간극이 너무 크다는 걸 느낀다. 빛바랜 흑백사진 속에서 낯선 과거와 만났다. 긴가 민가 기억 속 미로를 따라가다 보면 조금씩 되살아나기도 하지만, 선연하지 않다. 세월의 속도보다 더 빠르게 세상은 변하고 진화해 왔다는 느낌이 든다. 해방되던 해 찍었다는 가족사진 속 세 살짜리 여자 아이가 낯설기만 한데 그게 나란다. 사진 기록으로 남은 나의 가장 오래된 과거인 셈이다. 그 후 초등학교 시절 사진도 거의 없다. 졸업앨범도 없던 시절이었으니 전후의 궁핍했던 경제상황을 가히 짐작할 수 있다, 중학교 시절에도 사진을 찍은 기억이 별로 없다. 쌀알만 한 얼굴들이 빼곡한 단체사진 한 장이 남아 있을 뿐이다. 사진은 과거를 말해주는 유일한 기록이다. 기록이 없으니 추억도 생산할 수 없는 게 아닐까?

철들기 시작한 여고시절의 낯설지 않은 나를 앨범에서 겨우 만났고, 반세기 넘는 세월의 파고를 넘어 황혼의 부두에 잠시 정박한 나를 본다. 내 역사의 기록이 담긴 '흑백사진 속 오래된 것들'을 기억의 곳간에 주섬주섬 쟁여놓으며 진한 향수에 젖어본다.

개구리와 공부한 내 친구들

숱한 이별의 사연들이 스쳐 지나갔을 철길 위로 무심한 철마는 오늘도 달린다. 긴 허리 고단한 기색도 없이 상행선, 하행선 줄기차게 내달린다. 대전 부르스 노래가 흥얼거려지는 낯익은 대전역 광장.

천안에서 한 시간도 채 안 걸리는 가까운 거리에 내 고향 대전이 있다. 서울에서 승차한 친구와 그동안 밀린 담소를 나누다 보니, 어느덧 도착 안내 방송이 흘러나온다. 기차에서 내려 한 발을 내디딘다. 어머니 내음 같은 고향 땅 냄새가 훅 안겨온다. 언제나 고향이 그리운 건 만날 수 없는 부모형제, 사라진 옛 집터, 그리고 곳곳에 묻어둔, 아련한 추억들 때문인지도 모른다.

"문일회 친구들, 대전역에서 열시에 만나요" 문자 메시지 명령에 따라 각지에 흩어져 살던 친구들이 시간 맞춰 속속 도착하고 있었다. 대전에 사는 친구들이 미리 나와 정겹게 맞아 주었다.

"반갑다, 얘들아! 그동안 잘 지냈어?" 맞잡은 손바닥 위로 60여 년 묵은 둥이 우정의 나이테가 또 한 겹 보태진다. 거울을 보듯 친구의 얼굴에서 내 얼굴을 읽는다. 복숭아 빛 앳된 얼굴은 칙칙하게 세월 때가 덧씌워졌고, 밤바다처럼 검고 윤나던 단발머리는 가을 석양에 어석대는 은빛 억새꽃 같다.

한국전쟁이 발발하던 해, 우린 초등학교 일학년생이었다. 책가방을 등에 지고 피난길에 올랐던 기억이 가물가물하다. 폭격으로 학교는 폐허가 되었고, 국민들은 하루하루 연명하기도 어려운 궁핍의 시대여서 아이들 교육은 뒷전이었다. 전쟁이 잠잠해지자 근동 논바닥에 군용 천막 두어 동이 들어서고, 우린 그 천막교실에서 중단되었던 공부를 계속할 수 있었다. 교실 바닥은 벼 포기를 들어낸 진흙구덩이였다. 궂은 날에는 천막 틈새로 비가 새어들기도 하고 지렁이 개구리도 자기 땅이라고 들어와 함께 공부했다. 삘기밭 논두렁을 운동장삼아 뛰어 다녔던 취약한 교육 환경이었지만 그 마저도 감지덕지했다. 공납금을 제때에 못 내서 수업 중 쫓겨나는 친구도 있었고, 형편이 어려워 아예 학교를 그만두는 아이들도 있었으니 그럴 수밖에…. 이런 고난과 궁핍의 시대를 함께 호흡하며 성장해온 소싯적 친구들이다.

천막교실의 추억을 공유한 친구들이기에 우정 또한 애틋했다. 눈물바람 일으키던 졸업식장, 왜 그리도 서럽던지. 진학을 못하는 친구들은 더 많이 울었다. 중·고등학교 교육 과정을 거치는 동안 뿔뿔이 흩어져 연락이 안 되는 친구가 대부분이었다. 전후 산업화가 활발해지기 전까지는 모든 물자가 부족하기만 했고 통신수단의 일등공신인 전화도 귀하던 때였다. 졸업 후 사회에 진출하여 자기 생활에 바빴을 테고, 결혼하여 아이들 키우느라 옛 친구 찾을 생각, 꿈엔들 할 수 있었으랴.

중년이 다 되어 우린 다시 만났다. 전화국에 근무할 때였다. 한 친구가 풍문으로 내 소식을 듣고 찾아왔다. 그 만남을 계기로 동창 친구 찾기에 발동이 걸렸다. 이름과 주소로 전화번호를 찾는 작업을 할 수 있어서 내 직업이 얼마간 보탬이 되었다. 알음알음 그리운 친구들을 하나둘 찾기 시작했다. 강변의 모래알에서 잃어버린 보석을 찾아낸 듯 가슴 뛰는 순간들이었다. 너무 기쁜 나머지 눈물을 흘리는 친구도 있었다. 그 후로 우리의 귀한 만남은 27년간 지속하여 오고 있다.

소풍 전야처럼 밤잠 설치고 달려온 먼데 친구들을 밥 한 끼 먹고 그냥 보내기가 영 마음에 걸린다며, 언제부턴가 1박 2일 숲 속 여행으로 굳어졌다. 더 나이 들면 건강이 허락지 않을 테니 부지런히 만나야 한다고 한목소리를 냈다. 삶의 에너지가 되어주는 친구! 때로는 가족보다 자식보다 마음 가까이 있는 친구가 힘이 될 때도 있다. 자신의 속마음을 털어놓을 수 있는 친구 둘만 가졌어도 성공한 인생이라 하지 않던가.

어릴 적 소꿉동무, 허물없는 배꼽 친구로 되돌아가는 추억잔치는 나이를 잊게 하고, 세월을 멈추게 하는 특별한 힘이 있다. 민얼굴에 맨발처럼 편한 고향마당으로의 초대라고나 할까?

목적지는 굳이 알려고 하지 않는다. 두 친구의 승용차로 우리를 태우고 가서 부려놓는 곳, 그곳이 언제나 낙원이었다. 세상 근심 다 내려놓고 동심의 꼬까옷으로 갈아입을 수 있는 곳, 자연이 살아 숨 쉬는 청정자연휴양림이 우리의 놀이터였다. 적어도 일 년에 네 번 정도는 숲 속의 요정을 만나러 간다. 연두색 새잎이 눈을 트고, 이른 봄꽃 소식 하나둘 들려오는 봄날에, 진녹색 잎사귀가 시원한 산그늘을 내어주는 성하의 계절에, 곱게 물든 단풍이 화려한 유혹을 해대는 가을에, 나목들이 순백의 눈꽃으로 환생하는 겨울 산을 찾아 추억여행을 떠난다. 우리가 불편 없이 맘껏 즐길 수 있도록 사전 답사를 철저히 해둔, 열성 친구 내외 덕분에 오늘도 행복지수는 최상이다.

우리가 묵을 숙소를 찾아 산길을 달린다. 나무들이 내뿜는 산소가 공해에 찌든 몸과 마음을 말끔히 씻어낸다. 귀가 먹먹해질 정도의 높이까지, 산허리를 감싸며 숨차게 오르막길을 오른다. 해발 870미터 고지에 자리 잡은 데미샘자연휴양림이 목적지다. 섬진강의 발원지인 데미샘은 산이 높고 산림이 울창해 사람의 발길이 잘 닿지 않는 청정지역이다. 예약된 우리 숙소는 전통 한옥 펜션이었다. 자연에서 옮겨온 흙과 나무로 고유의 건축양식을 재현한 듯, 하늘을 향한 처마 선이 사뿐하다. 겉모습만 보아도 정감이 갔다. 안으로 들어가니 내부 구조도 오밀조밀 잘 꾸며져 있었다.

우선, 숙소에 짐을 풀고 산을 좋아하는 친구 몇몇은 다람쥐처럼 산으로 달아나고 남은 친구들은 저녁 준비하느라 신이 났다. 물맛 좋고 공기 좋고 마주 앉은 얼굴이 편하니 밥맛은 다디달 수밖에.

저녁상을 물리고 잠시 휴식을 취한 뒤, 우린 전통 한옥에 어울리는 전통놀이 윷판을 벌이기로 했다. 윷가락이 없어도 상관없다. 죄 없는 숟가락 네 개가 졸지에 주방에서 끌려 나오고 말판은 종이상자로 급조했다. 청, 홍 두 편으로 가르기 위해 가위 바위 보가 동원된다. 멍석 대신 깔린 이불 위로 숟가락 네 개가 춤을 춘다. 엎어지고 젖혀지는 모양새에 따라 희비가 엇갈린다. 분위기가 점점 무르익어 갈수록 양 팀 모두 응원의 목소리가 담을 넘는다. 하하 호호 팝콘 터지듯 웃음 폭탄이 터진다. 보통 말판과는 다르게 잉태, 천당, 지옥이라는 징검다리를 그려 넣어 스릴이 있다. 지옥 앞에 다다르면 마음이 조마조마해지고 무사히 통과하면 휴우 안도의 숨이 나온다. 말이 우여곡절을 겪으며 마지막 관문에 다다르면 비켜 갈 수 없는 큰 고비가 또 기다린다. 딱 맞아 떨어지는 패가 나와야 통과할 수 있으니 애를 태운다. 다 이겨 놓고도 막판에서 운이 안 따라주면 모두 허사가 되고 만다. 상대편도 같은 조건이니 억울할 건 없지만 진 팀은 매양 허탈할 수밖에 없다. '잘 나오던 도가 꼭 필요한 이참에 안 나올 게 뭐람!'

우리네 인간사도 노력해서 되는 게 있고 노력해도 안 되는 일이 있기 마련이다. 그래도 가끔은 행운의 여신이 기적같이 찾아올 때도 있으니 희망은 버리지 말 일이다. 인생역전도 있고 게임에서의 반전도 얼마든지 있기 마련이니 세상사 모두가 새옹지마 아니겠는가.

가위 바위 보를 잘 선택한 덕에 내가 속한 팀이 승리하는 쾌거를 거두었다. 약속대로 돌아오는 날 거한 점심을 상으로 받았지만, 마음은 허전해진다. 석양을 등지고 각자의 둥지 찾아 날아갈 시간이 가까워지기 때문이다.

'매일 만나도 좋을 묵은둥이 친구들아! 아프지 말기, 오래오래 건강하기, 즐기며 살기가 숙제다.' 깊게 뿌리내린 우정 나무에 주문을 걸어두고 벌써 다음 만남을 손꼽는다.

인연의 땅

'하늘 아래 편안한 곳' 천안! 이 땅에 붙박이 인생의 첫날이 시작된 것은 지금으로부터 43년 전 정월이었다. 고등학교를 막 졸업하던 해, 국가 기능직 공무원 시험에 응시하여 합격을 했다. 가정 형편이 어렵다는 걸 누구보다 잘 아시는 담임선생님께서 입학금을 마련해 보겠다며 교대에 진학할 것을 권했다. 그러나 내 장래보다는 발등에 불이 더 급했다. 당장 취직을 해서 생계를 이어갈 수 있도록 어머니를 돕는 것이 최선책이라고 생각했었다.

시험에 합격은 했으나 먼 타지로 발령이 나면 어쩌나, 집을 떠나 본 적 없는 나로선 은근히 걱정이 되었다. 드디어 근무지 결정 통지서가 도착했다. 부여 임천우체국이라는, 그때로선 처음 듣는 낯선 곳이었다. 지도를 찾아보며 기대 반 두려움 반 착잡한 생각에 잠겨 있을 무렵, 뜻밖에도 '근무지 변경 통지서'가 날아왔다. 운 좋게도 대전에서 가깝고 충남에서

두 번째로 큰 도시 천안이었다. 그 종이쪽지 한 장으로 해서 내 인생의 길이 정해진 것은 아닐까. 만약 임천이라는 곳에서 근무를 하게 되었다면 지금쯤 나는 어디에서 무엇으로 살고 있을까? 또한 교대에 들어갔다면 천안과의 인연은 없었겠지. 먼 과거를 회상하노라면 만감이 교차한다.

천안 땅에 첫발을 내딛던 날, 언니의 손을 잡고 기차에서 내려 처음 맡아본 천안의 냄새를 지금도 잊을 수 없다. 곱게 땋아 내린 갈래 머리에 화장기 없는 얼굴로 천안우체국에 첫 출근을 하면서 객지생활의 홀로서기가 시작되었다. 온실 속 화초처럼 바깥세상 구경 제대로 못 해보고 자란 풋내기 사회 초년생이 바람 많은 벌판에 뿌리를 내려야 할 터였다. 객지생활의 외로움과 직장인으로서의 고달픔, 이 모든 것들이 향수병을 불러왔고 가족에의 그리움은 날로 깊어갔다. 그러나 시간은 향수병을 치유하는 약이 되어주었고 낯섦병도 차츰 사라지게 해 주었다. 한해 두해 세월이 가면서 천안 땅, 천안사람과의 끈끈한 인연이 내 울타리가 되어 주었고, 곰삭을 대로 곰삭은 깊은 정은 이 땅에 서서히 뿌리내리도록 만들었다.

사랑하는 사람을 만난 곳도, 감동의 러브스토리를 펼쳤던 장소도, 온 세상이 무너져 내리는 엄청난 슬픔을 안겨준 곳, 또한 천안이다. 하루아침에 그이를 데려간 하늘이 너무 미워 실컷 원망도 해보고 신의 권능을 부정하기도 했다. 태어나서 딱 한 번 뿐인 간절한 기도를 수수방관한 하늘이기에…. 그러나 그건 이미 내 인생의 밑그림에 그려져 있던 숙명의 그림자일 뿐, 하늘의 탓이 아니라는 걸 이내 깨닫게 되었다. 그래도 소중한 나의 가족, 나의 천사들을 만나게 해준 이 땅과 하늘에 감사한다. 서른다섯 성상星霜의 긴 세월동안 같은 자리에서 공직을 마감할 수 있었던 행운도, 천안의 편안한 기운을 그대로 받은 축복이 아니었나 생각한다.

내가 처음 이 땅에 발붙이고 살던 그 시절과는 비교조차 안 될 만큼 많이 발전하고 변화된 모습들이 격세지감을 느끼게 한다.

세월은 그냥 흘러간 것이 아니고 무수히 많은 변화를 낳고 또 낳았다. 그 시절엔 자동차 구경하기도 힘들었고 시내버스도 없었다. 낮은 산지가 그대로 있어 오르막길이 많았다. 큰재빼기, 작은재빼기, 차돌고개 등 도로는 거의 비포장인데다 자갈길이어서 하이힐이 수난을 당하기 일쑤였다. 연인들의 데이트 장소는 기껏해야 다방이나 빵집이었고 그나마 가난한 연인들은 재건데이트를 즐겼다. 돈 안 들이는 건전하고 경제적인 데이트라 해서 붙여진 이름이다. 한적한 길 따라 마냥 걷는 것도 그런대로 낭만은 있었다. 천안의 유일한 포장도로였던 국도1호선을 따라 한없이 걸었던 기억이 지금도 생생한데 옆 사람은 가고 없으니 인생무상이란 말이 뼛속 깊이 사무친다.

개구리 울음소리가 여름밤 온 동네를 시끄럽게 하던 논밭이 있던 자리, 어디쯤이었나 어림잡을 수도 없을 만큼 변해 버렸고, 푸르던 산자락도 땅속으로 꺼져버린 듯 자취를 감췄다. 아파트촌으로 개발되면서 화려하게 변신한 그이의 고향 옛길이 생각난다. 옹기종기 아담한 초가집들이 터를 잡은 작은 동네를 내려다보며 솔밭사이로 실뱀 같은 오솔길을 내준 나지막한 산이 있었다. 그 언덕을 넘어 시내로 나오려면 시오리 길을 걸어야만 했다. 이른 아침, 출근시간에 대기 위해 덜커덩 도로의 심술에도 아랑곳없이 자전거 뒤꽁무니는 내 자리였다. 순탄한 길은 아니지만 힘껏 페달을 밟으며 앞으로 씽씽 달리는 믿음직스런 그이의 등 뒤에서 동행의 기쁨을 만끽할 수 있었다. 지금은 흔적도 없이 세월의 뒤안길로 사라진 길이지만, 내 인생의 지도에는 영원히 지워지지 않는 추억의 옛길로 존재한다.

먼 길을 걸어야하는 퇴근길에는 때때로 복에 겨운 호강도 했다. 오르막길이 나타나면 듬직한 등을 내주며 어부바 하잔다. 혼자 오르기도 버거운 언덕배기를 흑기사처럼 거뜬히 넘는 그였다. 그 안락감이란, 어릴 적 엄마의 등에 업히면 세상을 손에 넣은 듯 넉넉하고 안온했던 것처럼, 따스하게 전해지는 체온이 하루의 피로를 걷어가고도 남았다.

이렇게 먼 기억에서부터 나의 역사가 지층처럼 쌓여 함께 흐르고 내 아이들의 고향이 된 인연의 땅이다. 사랑과 눈물, 한숨과 기쁨이 굽이굽이 묻혀 함께 숨 쉬는 추억의 땅 천안! 나의 과거와 현재와 미래가 공존하는 제2의 고향이기에 더욱 사랑할 수밖에 없는 하늘, 땅, 사람들이다.

천안은 내 인생에 있어 시나브로 꺼져가던 희망의 불씨를 살려, 작은 꿈을 이루게 해준 영광의 땅이기도 하다. 그동안 치열한 생존의 전쟁터에 파묻혀 차마 고개 들지 못했던 오랜 소망이 하나 있었다. 숨 가쁘게 달려온 내 인생의 한 귀퉁이라도 떼어내어, 나만의 언어로 반죽한 작품 하나 빚어 보고 싶었다. 도공의 혼불로 빚어진 수려한 작품은 아니라도, 사유와 감성의 조각칼로 다듬어진 담백한 글 하나 남길 수 있다면 얼마나 좋을까 싶었다. 다행히도 늘그막에 수필과의 귀한 인연을 맺게 된 것은, 내 생에 한 줄기 희망의 빛이었다. 헌신적으로 지도해주시는 선생님과 선후배 문우님들과의 향기 있는 교류 또한 신선한 삶의 비타민이 되고 있다. 힘없는 작은 새가 창공을 향해 힘껏 날개 짓 할 수 있도록 용기를 준 사람들과의 만남, 이 고마운 인연이 없었다면 내 삶의 가치는 빛을 잃은 보석처럼 어두운 서랍 속에 갇혀버렸을지도 모른다.

내 인생의 설계도에는 천안이라는 낯선 땅에 뿌리를 내리도록 진즉 계획되어 있었던 게 아닐까 생각하게 된다. 꽃다운 청춘기에서 황혼의 내리막길에 이르도록 이 땅의 지기地氣를 먹고, 이 하늘을 호흡하며, 알게 모르게 많은 사람들의 사랑 받고 여기까지 오게 되었으니 말이다. 살며 부대끼며 곰삭은 나이만큼의 세월도 이 땅에서 함께 익어갔으리.

'하늘 아래 가장 편안한 곳' '하늘까지도 편안한 땅' 이러한 지명 풀이에 천안 사람들은 누구나 공감한다. 천재지변도 알아서 비켜가는 곳, 천혜의 땅이기에 이 삶의 터전을 축복으로 알고 감사하며 사랑하며, 더 빛나는 땅으로 후대들에게 물려주어야 하리라.

고목에도 꽃은 피고

옛날엔 칠십대를 장수나이로 계산했었지만, 지금은 칠십대까지를 은 중년이라 하던가, 백세 인생이 당연시 되는 게 요즘 세태이다 보니 모든 노후 계획에 수정이 불가피한 현실이다. 건강이 따라주고 재력과 능력이 뒷받침되어야 장수가 축복이지, 병든 상태로 고통스러운 세월에 떠밀려 시간만 축낸다면 장수가 축복이 아닌 사회적 재앙일 수밖에 없다. 자연의 순환이치에 따라 생명은 늙고 병들고 죽기 마련이다. 인생 전반기를 어떻게 살아야 품위있는 어르신으로 잘 늙을 수 있을까. 오래 살아본 사람도 존경받는 지식인도 선뜻 정답을 내지는 못하리라.

젊음은 인생의 가장 빛나는 자산이고 무기이다. 아무리 큰 난관에 부딪쳐도 뜨거운 혈기로 도전하고 또 도전한다. 실패한다 해도 다시 털고 일어설 수 있는 당당함과 패기가 젊음 안에 비축되어 있다. 하나 젊은이 못지않게, 새로운 것을 받아들여 내것으로 삼고자 하는 의욕과 도전정신은 나이든 이들에게서도 종종 발견할 수 있다.

고목에도 꽃은 핀다 하지 않는가!

칠십 중반의 나이에도 삶의 열정을 불태우며 하루 한시, 단 일각도 허투루 쓰지 않고 배움에 빠진 친구가 있다. 젊어서 고생을 많이 한 탓인지 청춘을 되돌려 준다 해도 그 시절로 되돌아가고 싶지 않단다. 그는 나이 든 지금이 행복하단다. 하고픈 것들을 맘껏 할 수 있는 시간적 경제적 여유가 있어서일 게다. 수필을 사랑하는 친구지만, 배우고 싶고 도전해보고 싶은 일이 너무 많아 수필 수업 시간을 축내기 일쑤다. 손에서 일이 떠날 새가 없다. 식사 도중 자리를 옮기면 밥맛이 떨어진다고 금기시 하는 게 보통인데 친구는 식사보다는 다른 일이 우선순위인 셈이다. 밥 한 술 떠 넣고 씹으면서도 다른 일이 생각나면 벌떡 일어나곤 한다. 생각뇌라고 하는 전두엽이 특히 발달해서 그 많은 일들을 속속 생각해 내는 것일까? 하루 24시간이 모자란 듯 잠자는 시간도 아끼는 새벽형 인간이다.

생활의 지혜도 뛰어나고, 집안일을 처리하는 데 망설임이나 두려움 없이 척척 해낸다. 특히 음식 만드는 일은 달인에 가깝다. 무슨 음식을 해도 손이 빠르고 맛도 그만이다. 귀찮은 기색 하나 없이 맛난 음식을 즐겨 만드는 것은, 자기 자신을 위한 것이 아니라 다른 사람 입에 행복을 넣어 주고 싶은 마음에서란다. 그런 이타심이 담긴 음식이니 어찌 맛이 없을 쏜가! 때때로 경비원 아저씨나 아파트 장터에서 채소 장사하는 아저씨들까지 음식을 챙겨 대접하기도 한다. 음식 외에도 손재주가 뛰어나 한지공

예, 뜨개질, 바느질, 자수, 매듭공예 등도 수준급이다. 요즘엔 전통주 담그기에 푹 빠져 몸과 머리가 바삐 돌아간다. 정성과 시간이 요구되는 슬로우 푸드에는 인내와 노동이 요구된다. 1년 남짓 배운 발효기술로 선배들보다 월등한 전통주 솜씨를 보여 지도 교수로부터 칭찬을 받았단다. 꾸준히 팔 걷어붙이고 달려들어 독자적인 체험과 실습을 게을리하지 않은 결과이리라. "나이는 숫자, 마음이 진짜"라는 대중가요 노랫말처럼 젊은이 못지않는 열정과 도전정신이 칠십대 청춘으로 살게 하는지도 모를 일이다.

친구와 처음 알게 된 것은 자치센터 수필반이라는 배움의 공간에서였다. 집이 같은 동네 바로 이웃해 있다는 걸 알게 된 계기는 수필반 카페에 올린 한 줄의 넋두리 때문이었다.

한겨울 어느 날, 보일러가 고장 나 수돗물도 단수시킨 채 수리 중이었다. 화장실도 못쓰고 밥도 못 짓고 세수도 못하고 손발이 묶인 듯 아무 일도 할 수 없었다. 그야말로 진퇴양난이었다. 냉장고 속 냉기류처럼 싸늘한 안방에서 느리게 기어가는 시곗바늘만 쫓고 있었다. 카페에 딱한 처지를 넋두리 삼아 한 줄 올린 것이 이 친구 눈에 띄었나 보다. "지체하지 말고 빨리 우리 집으로 오세요." 전화 한 통화만으로도 구세주를 만난 듯 꽁꽁 언 몸과 마음이 녹아 내렸다. 사양할 처지가 못 되었다. 염치불구하고 친구네 아파트 문을 두드릴 수밖에 별 도리가 없었다.

처음 대하는 공간이 전혀 낯설지가 않았다. 푸근한 인정 덕이리라. 지금은 가족보다 더 가깝고 이무러운 밥상이지만 그땐 처음 받아보는 독상이라 면구스럽기 짝이 없었다. 그러나 격의 없이 다가와 편하게 대해주는 친구의 배려심이 몸과 마음의 긴장을 풀게 만들었다. 내 생애 가장 따뜻한 밥상으로 오래오래 기억될 우정의 밥상이었다.

알맞게 곰삭은 김치 한 보시기 두레반에 올리고 "새로 담은 김치가 맛있게 익었어요. 국물 맛좀 보세요," 하며 밥상을 뚝딱 차려내는 익숙한 유혹에, 오늘도 겸상을 마주하고 앉아 이야기꽃을 피운다. 너무 배부르다고 윗배까지 찼다고 엄살을 부려도, 소화에 도움이 된다며 누룽지까지 퍼다 들이민다. '혼밥'의 외로움을 덜어주어 고맙지만 오늘도 과식이다. 위장에 큰 짐을 지웠으니 슬쩍 미안한 마음이다.

나이가 들수록 친구가 필요하다고들 말한다. 가족한테는 들어낼 수 없는 속마음까지도 친구한테는 격의 없이 털어 놓는다. 들어줄 이가 있다는 사실만으로도 치유효과는 크다. 공감하고 위로와 격려도 아끼지 않는다.

진정한 친구들과의 교류가 많을수록 장수한다는 통계도 나와 있다. 사람은 본래 외로운 존재다. 고되고 험난한 인생길에 마음 통하는 친구가 동행한다는 것은 커다란 위안이고 즐거움이리라. 매일 만나도 좋을 친구, 거울처럼 마주하며 맨얼굴로도 편히 만날 수 있는 친구, 이런 관계맺음이 어쩜 몸에 지닌 보석보다 더 소중하지 않을까.

인생 후반기에 수필이라는 꿈으로 만난 귀한 우정! 푸르름이 사윈 고목에서도 열정의 꽃은 곱게 피어나리니, 친구여! 도전을 멈추지 마시라. 꿈이 있는 노년은 꿈 없는 청춘을 부러워하지 않는 법, 황금빛 노을로 곱게 익어 가시길….

5부
살며 생각하며

감사의 힘

우리 민족 고유의 역사와 문화, 철학을 재정립하여 교육하는 어느 프로그램에 참여한 적이 있다. 환인桓因, 환웅桓雄, 단군으로 이어지는 고대의 찬란한 역사가 있었지만 일제의 우리 정신문화 말살정책에 의해 신화로 뒤바뀌었다는 사실이 가슴 아팠다. 홍익정신을 건국이념으로 내세운 단군왕검이 우리나라 역사인물 1호라는 사실을 아직도 인정하지 않고, 신화 속 인물로만 여기는 국민들이 있다는 건 안타까운 현실이다. 한 번 잘못 기록된 역사는 바로잡기 힘든 일이다. '역사바로세우기운동'이 왜 필요한지를 알 것 같다.

프로그램이 진행되면서 우리 선조들이 실천해온 수행문화의 하나로 소도消道 라는 식사법이 소개되었다, 마치 명상하듯 마음의 눈으로 내 안을 바라보게 되는 진기한 체험이었다. 교육 기간 동안 경건한 마음으로 소도를 실천하면서 느낀 것이 많았다. 소도의 의미는 바르게 먹어 도道에 이른다는 뜻이다. 몸과 마음을 닦는 수행의 원리에 따라 식사의 절차와 예절을 숙지해야만 했다.

아무 생각 없이 매 끼니 내가 취하는 이 음식들이 본시 어디에서 왔을까를 생각하게 하는 진지한 의식이었다. 먹이사슬이라는 생존의 법칙에 의해 수많은 생명체가 누군가를 위해 희생당하고 있지 않은가. 내 몸이 되어준 수많은 생명체에게 미안함과 고마움이 동시에 느껴졌다.

식사법은 수도승들의 발우공양과 비슷한 점도 있었으나 과정은 조금씩 달랐다. 묵언의 자세로 바르게 앉아 그 맛과 형태를 초월하여 먹는 행위에 집중하고 오래 씹어서, 맛의 근원인 죽의 상태로 만들어 삼킨다. 식사가 끝나면 손을 비벼 온 몸을 따뜻하게 쓸어주고 3분간 명상한다.

마음을 차분히 가라앉히고 음식을 대하면 저절로 자세가 바르게 서고 앞에 놓인 음식이 얼마나 귀한지를 터득하게 된다. 한 수저 입에 넣고 조용히 씹을 때는 눈을 감는다. 짧은 순간이지만 많은 생각이 꼬리를 문다. 이 음식들의 고향은 어디일까? 어디에서 나고 자라 지금 여기까지 왔을까? 자연의 품을 떠나 수많은 사람의 손을 거치고 시공을 넘어, 지금 내 앞에 와 있으리라. 잠시 그 근원을 찾아 상상의 나래를 펼쳐 본다.

씨앗을 품어 싹을 틔워주고 자라서 열매 맺을 수 있도록 도와준 모든 자연 조건에 감사한다. 따스한 햇볕, 비를 만들어주는 구름, 뿌리를 단단히 잡아주는 흙, 홀씨를 흩날려 생명을 번식시켜주는 바람, 이들은 조화와 상생의 우주 법칙에 순종하며 자연의 질서를 이끌어 오고 있지 않은

가. 대자연의 은혜로움을 생각할 때 나 자신은 한없이 작은 존재로 느껴진다. 하지만 이 거대한 우주의 율려 속에 한 생명체로 호흡하고 있다는 사실이 큰 축복으로 다가왔다. 이제 마음의 눈을 돌려 소우주인 내 몸 안으로 들어가 본다.

눈부신 햇살과 온갖 아름다운 것들을 볼 수 있는 눈에 감사한다. 청량한 바람소리, 물소리, 새 소리를 들을 수 있는 귀에 감사하고, 소박한 들꽃향기에 취할 수 있는 코가 있으니 고마운 일이다. 감사와 사랑의 마음을 전할 수 있는 입을 주셨으니 조물주에게 무한 감사하다. 부모님의 큰 사랑이 없었다면 지금 여기 이 모습의 내가 존재할 수 있었을까. 갚을 길 없는 부모님의 은혜를 다시 한 번 곱씹는다.

잠자거나 쉬는 동안에도 일사불란하게 각각의 역할을 해내는 장기들에도 감사와 애정을 보낸다. 내가 취한 음식들을 에너지로 만들어주는 고마운 장기들, 내가 잘 보호하고 사랑해야 할 대상이다. 화를 낼 때 간장이 힘들어하고, 근심 걱정에 싸여 있을 때 위가 상한다는 것, 슬픔에 젖어 있을 때 폐의 기능이 약해지며, 두려움과 공포의 감정에 빠질 때 신장이 허해지고, 지나치게 기뻐하면 심장에 해롭다고 한다. 희로애락의 여러 감정들이 장기에 미치는 영향이 크다는 사실을 다시 한 번 상기한다. 마음을 다스려 평상심을 유지하는 것이, 소중한 장기들을 보살피는 일이리라. 하지만 수도승이 아닌 중생이기에 마음공부는 쉽지 않은 평생과제다.

아침에 눈이 떠지고 심장박동이 느껴질 때, 자동으로 두 손이 가슴 앞에 모아진다. '미안해, 용서해, 고마워, 사랑해.'가 절로 나온다.

십수 년 전 심근경색으로 죽을 고비를 넘긴 적이 있다. 심혈관이 막혀 심장 근육의 절반을 기절시킨 죄가 있으니 심장에 큰 빚을 지었다. 소음인 체질로 위 기능이 약해 늘 위염 증상을 달고 사니 위장에게도 미안하다. 화학성분의 양약들을 매일 감당해야 하는 간장에게도 무리한 빚을 지고 산다. 폐장은 어떤가! 자연을 멀리하고 신선한 산소 대신, 각종 매연과 미세먼지 등 오염의 탁류에 휩쓸려 살고 있으니 이 또한 미안하기 그지없다.

가을 햇살에 제 빛깔로 잘 익은 과일을 한입 베어 물고 생각에 잠긴다. 땅의 기운을 듬뿍 먹고 자란 사과 한 알, 그 안에는 태양 구름 바람이 함께 들어가 있으리. 그 사과 한 알이 내 몸으로 들어와 내가 된다. 자연의 요소들이 내 안에 존재하니 자연과 나는 둘이 아니고 하나임을 알게 한다. 어느 책에서 읽은 기억이 난다. '지구 위의 모든 생명은 하늘과 땅으로, 그 사이의 허공으로 이어져 있다. 모든 것이 하나임을 아는 데서 모두를 사랑하는 마음이 나온다.' 모든 생명체와 나는 무관하지 않으며 하나로 연결되어 순환하고 있음을 깨닫는다.

나는 누구인가? 눈에 보이는 형상의 나는 가아假我이고 진아眞我를 찾기란 쉽지 않다. 나를 이루고 있는 기억세포에는 얼마나 많은 우주의 정보들이 기록되어 있을까. 눈에 보이지 않는 생명의 본질을 찾아 잠시나마 사유의 늪에 빠져보는 명상의 시간을 가졌다.

소도라는 식사법을 통해 얻은 작은 깨달음은 나에게 감사의 삶을 살게 해 주었다. 세상에는 감사해야 할 일들이 공기처럼 널려 있는데 외면한 채 살았다. 부족함만을 탓하며 가진 것에 고마워 할 줄 몰랐다. 아함경에 "만족할 줄 아는 것이 제일 부자다."라는 부처님 말씀도 떠올리게 되고, 《감사의 힘》이라는 책에서 읽었던 한 구절도 생각난다. 감사의 삶이란 '소소한 일상 속에서 감사의 요소들을 찾아내어 실천하는 일'이라고 했다. 긍정의 힘, 감사의 힘은 인생의 참 목표인 행복을 찾아 가는 길에 가장 큰 에너지가 돼 주지 않을까 생각해 본다.

이래선 안 되는데

건강체조교실이 운영되고 있는 보건소 가는 길에 성정가구거리가 있다. 2년여 동안 줄곧 오간 길이니 눈 감고도 걸을 수 있는 낯익은 거리다. 갈 때는 출강 시간을 대느라 버스를 이용하지만, 돌아오는 길은 여유롭게 걷기를 즐긴다. 다리가 바빠야 오래 산다는 말이 있다. 걷는 운동의 효과가 그만큼 크다는 얘기리라. 장생보법으로 활기차게 걷다 보면 거리의 풍경이 한눈에 들어온다. 저마다 주어진 공간속에서 열심히 생활하는 이들의 밝은 모습을 보며 삶의 교훈도 얻고, 건강도 건질 수 있으니 걸음이 보약인 셈이다.

특화거리 명분답게 화려한 가구점이 즐비한 이 거리 초입에, 눈에 잘 띄지도 않을 만큼 작은 유리 가게가 하나 있다. '외출 중'이라는 메모만 없다면 폐업한 가게가 아닐까 싶을 정도로 발길이 뜸한 점포다.

어느 날 무심히 지나던 중 어설프게 내걸린 낡은 액자 하나가 발길을 멈추게 했다. 그 안에 담긴 짧은 글귀가 흥미와 관심을 불러 일으켰기 때문이다. 디지털의 새 물결에 편승하여 질주하는 젊은 세대들에겐 이 아날로그적 발상이 통할 리 없겠지만, 누군가에겐 길거리 명상의 묘를 연출할 수도 있으리란 생각이 들었다. 컴퓨터에서 쉽게 뽑아낸 기계 글씨가 아닌, 마음의 먹물을 찍어 한 자 한 자에 생각을 담아낸 육필이다. 세련된 글 솜씨는 아니지만 이런 육필에서 더욱 사람 냄새를 느끼는 건 사라져 가는 것에 대한 아쉬움 때문일까?

'허튼소리'라고 여유를 부린 제목에서부터 다음 글귀의 궁금증을 유발시킨다. 내용인즉 허튼소리가 아닌 약이 되는 쓴 소리, 혹은 단박에 자신을 성찰하게 하는 명언들이다. 거리의 훈장 역할을 톡톡히 하는 그 액자의 주인이 누구일까 하는 호기심에 슬쩍 들여다보지만 역시 가게 안은 침묵에 잠겨있다. 다만 짐작할 수 있는 건 명언들로 차려진 밥상의 메뉴가 새롭게 바뀌는 것으로 보아 주인이 건재함을 말해주고 있었다. 처음에는 '허튼소리'가 사전적 의미로 보아 실없는 말, 아니면 가벼운 우스갯소리가 아닐까 생각했다. 그러나 내용을 음미해 보니 그게 아니었다. 몇 번이고 곱씹게 되는 잔잔한 감동의 토막글이라고나 할까. 여하튼 요즘은 묘한 매력에 이끌려 무더운 날씨에도 버스를 마다하고 걷기를 자청한다. 마치 '그 집 앞'이라도 지나치듯 작은 설렘을 안고 유리가게 앞을 서성이곤 한다.

관심을 가지고 읽어주는 이 얼마나 될까. 그와 상관없이 소신을 가지고 붓 끝에 힘주어 정성을 쏟았을 귀한 언어들, 길 가다 우연히 귀인이라도 만난 듯 반갑다. 때론 뜻밖의 수확에 기쁨이 밀려오듯 숨겨진 미소가 살포시 피어나기도 한다. 상식이 통하는 건강한 사회, 양심이 살아있고 예의가 바로서는 그런 세상이길 소망하는, 주인아저씨의 성정性情을 조금이나마 헤아릴 수 있을 것 같았다.

'이래선 안 되는데.'

9월의 마지막 주 교훈이 내걸렸다. 유독 눈에 잘 띄는 노란 색지 위에 검정 글씨가 평소와는 다른 느낌으로 다가왔다.

"내 자식이 아프면 내가 아픈듯하면서 부모님이 편찮으시면 남이 아픈 것처럼 느낀다."

정곡을 찌르는 이 글귀가 집으로 오는 길 내내 마음 끝자락에 매달려 따라오는 것이 아닌가!

안개 숲 저 너머 회상의 골짜기에 어릴 적 어머니 모습이 아련히 피어난다. 한두 살 터울의 고만 고만한 자식들 아홉 남매를 거두시느라 숨 돌릴 새 없이 얼마나 고단하셨을까. 없는 살림에 어린것들 탈이라도 나면 어쩌나 노심초사 하시며 애간장이 다 녹아 내리셨을 어머니. 어느 해인가 홍역이 돌아 바로 한 살 위인 언니와 내가 함께 고열로 사경을 헤매게 되었단다. 수중에 돈은 없고 어린 생명 둘을 한꺼번에 잃을지도 모른다는 절박한 상황에 어머니는 혼이 나간 사람 같았다고 한다. 급하게 빌린 돈으로 한 살 어린 나만 병원에 데려갔고, 다시 언니의 병원비를 마련하는 동안 언니는 더 이상 버티지 못하고 여린 생명의 끈을 놓아버렸다고 했다. 그때 어머니의 심정이 어떠했을까. 평생 가슴에 묻은 자식 생각에 속울음 삼키셨을 어머니를 생각하면 내 마음은 죄스럽고 아리기만하다.

어머니는 우리들의 다사로운 약손이었고 해결사 역할도 척척 해내셨다. 어린 자식들이 고뿔이라도 걸려 숨이 갑갑할 땐 서슴없이 코에 입을 대고 빨아내어 숨통을 열어주셨고, 눈에 작은 티 하나가 들어가도 "아가야. 잠깐이면 된다." 하시며 신기하게도 당신의 혀끝으로 이물질을 찾아 빼내주시곤 했다. 그런 지극한 사랑 받아 먹고 자란 자식들이 후일, 어머니께서 똑같은 고통 속에 계시다면 과연 나도 어머니께 그와 같이 해드릴 수 있었을까? 받은 게 너무 크고 한량없어서 갚을 재간이 없다. 부모님 은혜에 보답할 수 있는 기회가 살아생전 너무 짧다는 걸 뒤늦게 통감하지만, 흘려버린 시간은 되돌릴 수 없으니 가슴 치는 후회만 남을 뿐이다.

언젠가 가슴에 와 닿았던 법문 한 구절이 생각난다. 부모가 자식을 낳아 기를 때 똥, 오줌 더럽다 여기지 않고 기꺼이 다 받아내지만, 자식들이 자라 그 부모를 부양할 때는 몸에서 나오는 여섯 가지 물을 더럽게 여겨 가까이 하지 않으려 한다. 즉 여섯 가지란 소변, 땀, 콧물, 눈물, 침, 고름을 말한다. 나의 심금을 울리게 하던 이 법문이야말로 모든 이들이 경청해야 할 효에 대한 가르침이 아닐까.

요즘 세상은 인간성 상실의 시대, 혼돈의 시대라 일컬을 만큼 정신문명이 타락해가고 있다. 물질만능주의가 사회를 병들게 하고 효의 가치를 추락시키는 무질서를 낳았다. 시대가 바뀌었다고 근본까지 흔들려서야 되겠는가.

돈 때문에 복면을 하고 들어가 부모를 살해하는 패륜아의 이야기가 더 이상 충격적이지도 않을 만큼 흔한 얘기가 돼 버렸다.

'이래선 안 되는데.' 하는 거리의 탄식을 듣는다. 유리가게 아저씨의 우려의 마음을 읽는다. 세상을 향해 쏟아내고 싶은 수많은 언어들을, 낮은 목소리로 한 가닥 붓 끝에 실어 조용히 풀어내고자 한 그 의도가 존경스럽기까지 하다.

문득 올려다본 하늘빛이 곱다. 하느님이 늘 계신 곳이라서 하늘이란다. 텅 비어 있으나 충만한 기운으로 가득 찬 하늘, 분별하지 않고 존재하는 모든 것들을 포용하는 큰마음을 배우게 한다. 하늘이 곡식에만 비를 내리고 잡초에겐 비를 내리지 않은 적이 있던가.

하늘의 이치와 자연의 가르침대로 조화로운 삶을 살아가는 사람들이 많아질 때, 효가 만행의 근본임을 자각하는 이가 많아질 때 '이래선 안 되는데.'라는 거리의 메시지도 사라지게 되리라.

냉장고와 소통

주방을 지키는 가장 든든한 일꾼, 냉장고! 그가 단 몇 시간만이라도 파업을 한다면 주방의 기능은 어떻게 될까? 쉽게 상상이 간다.

내가 어렸을 적엔 가전제품이라는 문명의 이기들이 흔치 않았다. 한여름 열무김치 항아리는 찬 우물물에 담가 보관했고, 쉽게 상하는 보리밥은 바람이 잘 통하는 소쿠리에 담아 부엌 기둥에 매달았다. 아침밥을 짓기 위해 어머니는 이른 새벽 서둘러 앞치마 두르시고 정지로 나가셨다. 밥상에 오를 찬거리도 푸성귀가 주재료였으니 그때그때 손맛 살려 분주하게 장만해야 했으리라. 냉장고도 없이 부엌일 하던 그 시절 어머니들을 생각하면, 현대의 주부들은 비교도 안 될 만큼 편해졌는데도 만족할 줄 모른다.

탱크라는 이름값을 하며 충직하게 임무수행을 해오던 냉장고가 예고도 없이 돌연 파업에 들어갔다. 윙윙거리는 이상한 소리가 들리는가 싶더니 냉장실에 냉기가 사라졌다. 바로 위층 냉동실은 별 이상이 없는데 어찌된 일일까. 자동 센서를 작동시켜보고 온도조절 기능도 이리저리 돌려보았으나 냉장실 기능은 여전히 마비상태다. 어딘가 불편한 구석이 있기에 반란을 일으킨 모양인데 영 찾아낼 수가 없으니 갑갑한 노릇이다. 애먼 냉장고 문만 열었다 닫았다 옆구리를 탕탕 두들겨 볼 뿐이었다.

제품 회사 A/S센터를 떠올린 것은 한참을 고민하고 난 뒤였다. 전화를 걸어 서비스를 요청하자 얼마 후 기사 한분이 도착했다. 흰 가운과 청진기는 걸고 있지 않았지만 냉장고에 관한한 그 내부 조직까지도 꿰뚫고 있는 듬직한 명의로 보였다.

냉장고 안을 이리저리 살피더니 우선 냉장실과 냉동실에 있는 물건들을 모두 꺼내라고 했다, 졸지에 불심검문 대상자라도 된 듯, 가슴이 뜨끔했다. 주섬주섬 주방 바닥으로 끌려나온 꾸러미들이 작은 산을 이루었다. 보여선 안 될 속살까지 들켜버린 양 얼굴이 화끈거렸다.

돌처럼 단단하게 서로 엉겨 붙어 손의 감각으로는 도대체 무엇이 들어있는지 분간하기 어려웠다. 일일이 봉지를 열어 음식물 종류와 유통기한을 확인해야 했다. 얼마나 오래된 것인지 구분이 어려운 것들 앞에선 버릴 것인가 취할 것인가를 놓고 갈등이 일지만 미련은 접기로 했다. 퇴출당해야 할 운명의 까만 봉지 속에선 탄식의 목소리가 들리는 듯했다.

"아직은 쓸모가 있는 나를 함부로 내치다니." 우울한 뒷모습을 보이며 그들은 무덤을 향해 떠나갔다. 아무리 작은 존재라 해도 세상에 나오게 된 이유가 분명 있을 터인데, 게으른 주인을 만나 제 값을 펼쳐 보이지도 못한 채 무용지물로 전락했으니 억울할 만도 하다.

베풀 줄 모르고 욕심껏 쟁여놓기에 바쁜 놀부네 곳간처럼, 마치 내 안에 가두고 덜어내지 못한 욕망 보따리들을 보는 느낌이었다.

기사는 냉장실의 파업 원인을 알아냈다. 냉동실의 숨통이 막혀 아래층으로 순환되어야할 냉기가 내려가지 못하고 정체현상을 일으킨 것이라 했다. 탱크 냉장고의 힘만 믿고 욕심껏 용량초과의 짐을 지웠으니 탈이 날만도 하다. 게제에 냉동실 대청소가 말끔히 이루어졌고 앞으로는 원활한 소통을 위해 여백의 공간을 남겨두겠노라 냉장고와 약속을 했다.

냉장고의 출현은 그리 오래되지 않았다. 내가 시집올 당시 혼수 품목에 없었던 것으로 보아, 반세기 전쯤에나 우리의 주방 문화에 깊숙이 파고든 것이 아닐까 짐작이 간다.

눈부신 현대문명의 발달로 우리네 생활은 점점 윤택해지고 있지만 예전에 누릴 수 있었던 이웃 간의 따뜻한 정은 찾아보기 힘든 세상이 되어버렸다. 조금만 눈을 돌리면 얼마든지 나눌 수 있는 물질의 풍요 속에 살고 있지만, 정情을 싹틔우는 마음 밭은 오히려 사막처럼 황폐해져가고 있다. 냉장고의 등장도 이웃 간의 벽을 더욱 두텁게 하는데 한몫을 하지 않았을까 싶다.

냉동실에 수북하게 쌓여있던 떡 봉지를 보며 잠시 옛 생각에 잠겼다. 어린 시절 일 년에 한번 맛볼 수 있었던 김이 모락모락 나는 가을 떡 한 조각이 생각난다. 온 동네 골목을 신나게 뛰어다니며 떡 접시를 나르던 기억이 새롭다. 하얀 쌀가루를 한 켜 얹고 그 위에 붉은 팥고물을 두툼하게 두어 떡시루를 앉히던 어머니의 손 정성이 신성하게까지 느껴졌다. 장작불을 지피고 아궁이 앞에 다소곳이 앉아 계시던 어머니는 정성이 부족하면 떡이 설익는다며 뒷간 가는 일도 삼가셨다. 떡이 다 익으면 정갈하게 한지를 깔고 정화수井華水 한 사발 떠놓고 고사를 지냈다. 겨울 동안 먹을 양식을 주신 천지신명께 우선 감사의 기도를 올렸다. 그 다음은 가족들의 안녕을 빌었다. 이름을 하나하나 거명하며 '그저 무탈하게 잘 지내게만 해 주십사' 하는 소박한 바람이었다. 보이지는 않지만 어딘가에 인간 세상을 주관하는 유능한 신이 존재 하리라 믿으셨던 것이리라. 고사가 끝나면 집안 곳곳에 다른 생명체들을 배려하는 고수레를 하고, 떡이 식기 전에 빨리 이웃집에 돌리자고 서두르셨다. 어디 떡뿐이랴. 텃밭에 기른 푸성귀 한 줌도 담 넘어 오갔고 별식이라도 만드는 날엔 동네 어르신들 모셔 커다란 두레상이 펼쳐지곤 했다.

사립문도 없이 담 터놓고 지내던 그 시절, 훈훈한 정만은 옹달샘처럼 흘러 넘쳤고 먹을거리 인심은 보름달같이 넉넉했다. 요즘 세상은 어떠한가. 냉장고 속에 갇혀버린 차디찬 인심이 대문 밖으로 시선을 돌리려 하지 않는다. 냉장고 인심이란 게 나와 내 가족만 배부르면 된다는 이기주의나 개인주의를 팽배시킨 건 아닐는지.

요즘 아이들은 특히 남을 배려하거나 가진 것을 나누는 데 인색하다. 냉장고 문만 열면 먹을 것이 쌓여 있고 돈만 있으면 편의점으로 달려가 쉽게 원하는 물건을 손에 넣을 수 있다. 그러다 보니 배고픈 이웃의 사정을 알 수도 없을뿐더러 나누고 베푸는 기쁨의 가치가 얼마인지를 경험하지 못한다.

근근이 살아가면서도 부족한 대로 나누며 이웃과 하나 되어 지혜로운 삶을 사셨던 옛 어른들, 자연에 순응하며 어려울 때 서로 돕는 두레문화를 꽃피웠고 아낌없이 음식 나누어 먹기를 즐겼다. 어르신네 생신날이 돌아오면 동네잔치가 벌어지고 손님들은 정성껏 선물을 마련했다. 검정 고무신 한 켤레, 잎담배 한 봉지면 족했다. 고도로 발달한 기계문명에 마음을 빼앗겨버린 현대인들이야말로 나누고 베푸는 옛 정서를 잃어버린 정신적 빈곤자들이 아닐는지.

냉장고의 가르침에 깊이 반성하는 계기가 되었다. 영원히 소유할 수도 없는 냉동실 보관물처럼, 부질없는 욕심은 자꾸 덜어내고 가볍게 살기를, 지구촌 어딘가에 굶주리고 있을 선한 눈망울의 아이들 모습을 떠올리며 나눔의 지혜를 실천하는 삶이되기를….

냉장고의 가르침 또 하나, 소통이다. 아래 위층 기류가 순조롭게 순환될 때 제 기능을 발휘하듯 사람과 사람, 국가와 국가, 자연과 인간, 이 모두가 순리대로 교감하고 소통할 때 막힘없는 순탄한 거래가 이루어지지 않을까?

주인공은 누구일까요

초겨울 햇살이 마당 가득 눈처럼 내려앉는 오후랍니다. 코끝을 스치는 바람이 싸하게 느껴지지만 아직은 견딜 만한 날씨입니다. 적당히 추운 날씨에 김장을 담가야 맛이 살아난다는 옛 어르신들의 말씀을 떠올리며 김장 준비하는 안주인의 손길이 분주하기만 합니다. 정갈한 장독대 옆으로 구덩이가 깊게 패이고 항아리 삼형제가 나란히 들어가 자리를 잡습니다.

으레 김장하는 날은 잔칫집 분위기처럼 떠들썩하답니다. 씨억씨억하게 팔을 걷어붙이고 달려와 내 집 일인 양. 기꺼이 거드는 이웃사촌들도 보입니다.

뜰아래 넓은 평상에는 나고 자란 고향이 각기 다른, 여러 친구들이 한자리에 모였습니다. 나는 속이 꽉 찬 배추입니다. 내 곁에는 모양새도 다르고 성질도 제각각인 친구들이 자신들만의 특유한 기질을 뽐내며 주인의 손길을 기다리고 있는 듯합니다. 그중 하얀 피부의 미끈하고 듬직해 보이는 친구가 무입니다. 나와는 인연이 깊어 항상 붙어 다니기 일쑤죠. 바늘 가는 데 실 가듯 죽이 잘 맞는 짝꿍이기도 합니다. 땅의 기운을 듬뿍 받고 통통하게 살이 오른 가을무는 달달하고 시원해서 사람들에게 인기가 많답니다. 김장김치의 맛을 좌우하는 건, 무채에 갖은 양념이 버무려진 속박이가 아니겠냐며 자부심이 대단하지요. 넓게 저며 김치포기 사이사이 끼워 넣는 무속박지는 국물의 상큼함과 시원한 맛을 더해주기도 하구요. 살얼음 살짝 띄운 한겨울의 동치미 맛 또한 그 풍미가 일품이죠. 그 밖에도 무 친구의 변신은 구궁무진 하답니다. 소금물에 절여 겨우내 묵혀 두었다가 봄에 꺼내먹는 강지, 무장아찌, 단무지, 무시루떡, 무밥, 무말랭이, 무조청 등 선조들의 지혜가 담겨있는 신토불이 음식들이 많이 있지만 요즘 세대들에겐 시큰둥한 맛일지도 모릅니다.

멀리 바다가 고향인 소금친구도 자신의 역할에 자부심이 대단합니다. '세상에서 가장 맛난 것' 하면 소금이 정답일 테니 뽐 낼만도 하지요. 자기가 빠진 음식은 이미 맛의 생명을 잃은 거나 다름없다나요? 그럴 법도 합니다. 소금의 귀중한 가치에 대해 칭찬의 말을 건네야 할 것 같네요. 머지않아 이 몸도 소금친구의 도움을 필요로 할 테니까요.

넓은 대지가 고향인 나는 풋풋한 꿈을 펼치며 안으로 노란 고갱이에 단맛을 키워왔지요. 알이 꽉 차서 더 이상 성장이 필요 없게 된 어느 날, 고향을 떠나 이곳까지 흘러왔답니다. 밭이랑을 온통 뒤덮었던 초록 군단의 제복을 벗고, 어깨에 들어가 있던 꼿꼿한 기세도 내려놓아야 했지요.

이제 다소곳한 새색시의 모습으로 다시 태어나기 위해, 소금친구의 도움이 절대로 필요한 때입니다. 숨을 고르며 긴 자숙의 시간을 거쳐 깨끗한 물에 목욕재계하고 나면, 양념친구들과 한바탕 어우러져 살을 섞게 되겠지요. 노란 고갱이에 감추어진 뽀얀 속살은 사람들의 유혹을 받아 보쌈용으로 미리 뽑혀나가는 수난을 겪기도 한답니다.

주인의 손길을 거쳐 다른 친구들의 모습도 말끔히 단장을 끝냈습니다. 넓은 자배기 속 대화합의 마당에 몸을 던져야 할 차례입니다. 이제부턴 각각의 자기 이름도 잊어야 합니다. 뻣뻣하던 자세도, 모난 성격도 스스로 다스려 겸손해져야 한다는 것을 압니다. 따로따로 겉돌거나 튄다면 결코 한목소리를 낼 수 없으니까요. 우리는 김치라는 공동운명으로 다시 태어나야 할 하나의 몸이랍니다.

그렇다면 김장김치의 일등 공신은 누구일까요? 뭐니 뭐니 해도 김치의 주인공은 배추 양이 아니겠냐고 말들 하지만, 생각해보면 나 혼자서 할 수 있는 일은 없는 듯합니다. 내 친구들 모두가 주인공이지요. 내 몸에 찰싹 붙어서 떨어질 줄 모르는 갖은 양념친구들, 이 조무래기 친구들이 제각각의 빛깔과 맛과 향을 보태지 않는다면 나는 김치로 다시 태어 날 수 없으니까요. 옆자리의 무 군은 항상 든든한 동반자랍니다. 창백했던 얼굴에 고운 빛 혈색을 돌게 해주는 고추 또한 생명 같은 친구이구요, 바다를 머금고 내 안으로 들어온 소금친구는 영원한 맛의 전령사라 불러주고 싶어요. 그 외에도 공신들은 또 있지요. 감칠맛을 더해주는 젓갈, 대파, 쪽파, 양파, 마늘, 생강, 참깨 등 개성은 강하지만 묵묵히 제 위치에서 소임을 다한답니다. 자기 본연의 모습이 망가지더라도 상관하지 않고 누군가를 위해 희생할 각오가 되어있는 친구들입니다. 조화와 화합으로 맛의 창조를 이루어 내는 이들의 의지와 노력에 찬사를 보내고 싶습니다.

우리나라의 식문화에 큰 비중을 차지하는 김치가 세계적인 음식으로 사랑받는 그 날이 가까워지길 빌어 봅니다.

머지않아 엄동설한이 닥쳐올 것입니다. 그러나 우리는 포근한 땅속 항아리 안에서 서로 살을 비비며 보듬어 안은 채, 긴 겨울 이야기를 도란도란 나눌 것입니다. 개성이 다른 각양각색의 여러 친구들이 모였지만, 우리들의 합창이 하모니를 이룰 때, 항아리 속에선 농익은 침치의 훌륭한 맛과 향이 꽃처럼 피어나리라 믿어봅니다. 겨울이 깊어가고 김장독 뚜껑 위에 고봉밥처럼 눈이 쌓여도, 우리 주인님은 밥상 위에 맛깔스런 김치 보시기 올리며 따뜻한 마음도 함께 퍼 담았으면 좋겠습니다.

제2의 태풍

남향받이 창가에 내려앉은 가을 햇살이 푸근한 친구처럼 반갑다. 채광이 좋은 베란다에는 끈질긴 생명의 뿌리가 똬리를 튼 화분 몇 개가 옹색하게 들어차 있다. 게딱지처럼 붙어있던 타일 바닥은 군데군데 떨어져 나가고, 삼십여 년을 버텨온 알루미늄 창틀은 노환중인 육신처럼 골골 앓는 소리를 낸다. 세월의 먼지가 덕지덕지 붙어 있는 낡은 공간이지만 나에겐 햇살과 가까이 만날 수 있는 유일한 쉼터다.

어느 해 늦여름, 느닷없이 들이닥친 태풍의 불법주거침입으로 큰 수난을 겪었던 아픈 기억이 어제 일처럼 생생하다. 아침부터 바람을 동반한 폭우가 거세게 몰아치더니 비는 그치고 초고속 강풍이 지축을 흔들기 시작했다. 마음이 심란해 수필창작 수업도 못나가고, 바람을 가장 많이 타는 남쪽 베란다 창가에 서서 바깥 동향을 살피고 있었다. '전에도 그랬던 것처럼 잠시 숨죽이고 엎드려 있으면 그냥 지나가겠지?' 하며 불안한 마음을 애써 달래고 있었다. 하지만 바람의 기세는 꺾일 줄 모르고 점점 더 강한 채찍질로 유리창을 흔들어 댔다. '바람아, 제발!' 간절한 마음으로 기도했으나 광야를 달리는 무법자의 말발굽처럼 멈출 줄 몰랐다. 드디어 사달이 났다. 삐걱삐걱, 꽈당탕! 순간의 굉음에 혼비백산했다. 질풍노도의 기세로 공격해 들어오는 태풍의 채찍 앞에, 베란다 창문은 통째로 뜯겨 거실 쪽으로 점점 밀려오고 있는 게 아닌가!

혼자서 발만 동동 구를 뿐 아무 생각도 나질 않았다. 호랑이한테 끌려가도 정신은 차려야 한다했던가! 사력을 다해 온몸으로 막아보려 했으나 강풍 앞에 맥없이 스러지는 풀잎에 불과했다. 닥치는 대로 의자며 무거운 책들까지 끌어다 방어벽을 쳐놓고 근무 중인 큰딸에게 전화를 했다. 궂은일이나 기쁜 일이나 제일 먼저 생각나는 게 가족이다.

"엄마, 너무 걱정하지 말고 조금만 기다려. 119에 구조요청 하고 금방 갈게."

사람이 크게 당황하면 왜 생각은 줄행랑을 치는 걸까? 그때서야 119가 생각났다. 딸의 목소리만 들어도 천군만마를 얻은 듯 용기백배했다. 구조대를 기다리는 동안 시간은 더디 갔다. 계속되는 태풍의 공세로 베란다 바닥이 절반이상 점령당하고 있을 즈음 구조대가 도착했다. 그래도 유리창이 완파되지 않아서 다행이라 했다. 유리 파편에 다치기라도 했으면 어쩔 뻔했냐고 딸아이는 가슴을 쓸어내렸다.

구조대원들은 능숙하게 응급 처치에 들어갔다. 집안을 살피더니 무게가 나가는 상판이며 가재도구들을 들어다 밀려난 창틀에 대고, 그 위에 육중한 다듬잇돌을 얹어 단단하게 고정시켰다. 시어머니의 손때 묻은 살림도구가 이런 때 요긴하게 쓰일 줄이야. 세상이 바뀌어 애물단지가 돼버린 물건이라 버릴까 생각도 했었다. 그러나 선뜻 내칠 수 없었던 건, 세월의 무게만큼 멀어진 그리운 얼굴들이 그 돌 위에 새겨져 있을 것만 같아 베란다 한쪽에 자리를 내준 터였다.

'모든 것은 지나간다.'고 했던가! 태풍은 언제 그랬냐는 듯 조용해졌고, 때 아닌 전쟁을 치르고 난 베란다는 이튿날 수리공에 의해 말끔하게 정돈되었다. 그러나 그 고요의 시간도 잠시, 태풍은 완전히 지나간 게 아니었다. 제2의 태풍이 내 몸 안에서 다시 세를 펼치려 기회를 노리고 있었기 때문이다. 칠십 평생 처음으로 맞닥뜨린 거대한 바람파도와 전쟁을 치룬 셈이니 놀란 새가슴이 온전하겠는가. 그 후 삼 일째 되는 날, 심혈관내과 정기 검진일이라 병원을 찾았다. 심장 초음파와 기능검사가 예약되어 있었다. 검사 결과 심혈관에 이상 징후가 보인다며 심장 조영술 검사를 해 보자고 했다. 태풍과 몸으로 맞섰을 때 마냥 심장이 콩콩 뛰었다.

십수 년 전, 급성 심근경색으로 응급실에 실려 갔던 기억 때문에, 가족들은 또 한 번 긴장의 끈을 놓을 수가 없었다. 태풍의 횡포가 내 몸속까지 파고들어 심장이 경기驚氣를 일으킨 것은 아닐까 걱정이 앞섰다. 시술 날짜를 잡고 입원수속을 했다. 전에도 그랬듯이 든든한 내 보호자는 세 아이들이었다. 번갈아가며 병실을 지켰다. 시술 후 대퇴부 지혈자리를 모래주머니로 압박하여 꼼짝 못하고 누워 지내야 했을 때, 딸내미가 손발이 되어 주었다. 시술 결과 다행히 관상동맥에 이상은 없다는 소견이 나왔다. 스텐트라는 쇠 철망을 더 끼우지 않아도 된다는 의사의 말에 긴 안도의 숨을 내쉴 수 있었다. 내 몸 깊숙이 회오리로 잠복한 제2의 태풍은 경제적 손실은 가져왔지만 그래도 순순히 진로를 바꾼 것 같아 고마울 따름이다.

집도 사람의 몸도 나이가 들면 여기저기 녹슬고 삭아 제 구실을 못하게 되고 만다. 태풍의 심술에도 끝까지 잘 버텨준 헌 집에게 격려의 박수를 보내고 싶다. 그리고 태풍이 넌지시 건네고 간 가르침에도 귀 기울여 본다. 자연은 한없이 은혜롭고 풍요로우며 때론 신비하고도 장엄한 얼굴이지만, 벌을 내릴 때는 단박에 내리치는 죽비의 단호함으로 세상의 도를 세우는 게 아닐까. 행여 인간이 욕망을 채우기 위해 자연에게 해코지하는 일일랑 없어야 하리라. 스스로 재앙을 불러들이는 결과가 될지도 모를 일이기에…. 지구를 대하는 인간의 도리에 대해서 깊이 성찰해 보는 계기가 되었다. 불완전한 존재가 인간이기에 대자연의 순리에 어긋나는 생각과 행동을 한 적 왜 없겠는가. 태풍의 출현도 자연현상의 하나일 뿐인데 억지로 태풍의 진로를 막아 방해한 건 아닐는지. 지구 한 귀퉁이를 빌려 쓰고 있는 처지에, 바람이 자유롭게 다녀야 할 길 위에 빌딩이며 건물이며 핵 시설이며 마구 어질러 놓았으니, 대자연의 입장에선 마뜩잖은 장애물일지도 모른다.

인생길 굽이굽이 만나는 태풍은 난관에 부딪쳤을 때 더욱 단단해지도록 마음의 근육을 키우는 일이 아닐까 생각해 본다.

태풍 몇 개 천둥 몇 개가 들어서야 대추 한 알도 붉게 여물어 간다는 장석주 시인의 노래처럼, 나도 내 안에 태풍 몇 개, 천둥 몇 개 보듬고 사랑과 감사의 열매로 통통 익어갔으면 좋겠다.

금홍이와 봉순이

마트에 들렀다. 수많은 종류의 식품과 음식 재료들이 다소곳한 표정으로 주인의 손길을 기다리고 있었다. 혹여 경쟁 대열에서 밀려날세라 상품의 가치와 특색을 알리기 위한 화려한 이력서도 붙어있었다. 각각의 이름표를 달고 진열된 달걀 판매대 앞에 섰다.

내 어린 시절엔 자연환경에서 맘껏 뛰어다니며 자란 닭이 생산한 알, 그 달걀밖에 없었다. 짚으로 엮은 달걀 꾸러미 한 줄이면 흐뭇한 선물이 되었다. 그런데 요즘 달걀에는 헷갈릴 정도로 많은 종류의 이름이 붙어 있어 고르기도 어렵다.

'동물복지'라는 문구가 적힌 달걀을 골랐다. 정말일까? 닭들이 좋은 환경에서 동물다운 삶을 누리며 생산한 알을 지칭한 상표라 믿고 싶었다. '동물복지', 옛날엔 들어보지 못한 말이었다. 물질이 정신세계를 지배하는 현 사회에서, 사람의 욕망을 채우기 위한 수단과 방법은 그 끝을 가늠하기 어렵다. 이득을 위해서는 동식물에도 자연을 거스르는 일을 스스럼없이 자행했다. 빨리 힘 덜 들이고 다량 생산하기 위해, 잔인하고 비정한 사육 방법으로 돈벌이하는 농장주와 기업들이 있는 한, 동물복지는 요원한 얘기리라.

동물복지라는 문구를 보면서 우리 집 아이들 생각이 났다. 어려서부터 동물을 가까이 두고 보살피는 심성이 유별났다. 병아리, 메추리, 강아지 등등. 병아리가 추울까 봐 상자 안에 전등도 끌어다 설치하곤 했다.

다 자라서도 동물사랑은 여전했다. 아들이 서울에서 공부할 때였다. 허름한 자취방 근처를 서성대는 길고양이와 인연이 되어 보살피게 되었다. 얼마간 안 보이더니 두 마리의 새끼를 낳아 데리고 나타났단다. 그 후 또 두 마리의 암고양이를 낳았는데, 동생이 키우겠다고 안달하니 천안 집으로 데리고 왔다. 결국 두 남매가 두 마리씩 맡아 부양하게 되었다. 딸아이는 배필을 고를 때도 고양이와 함께할 수 있는 조건을 내세울 정도였다. 마침 사윗감도 고양이를 좋아하고 잘 보살피는 성격이어서 죽이 맞았다. 항시 차 안에 고양이 먹잇감과 생수를 챙겨 넣고 다녔다. 길고양이를 만나면 적당한 장소에 놓아두고는 멀리서 지켜보는 게 부부의 공통 언어였다. 고양이를 반려동물로 삼아 보살피는 외국인들의 예를 보아 오긴 했지만, 수월찮게 드는 비용을 감수하면서까지 가족의 일원으로 함께 호흡하는 아이들의 속내를 이해하기 힘들었다. 딸아이가 보살피던 금홍이와 봉순이는 잘 자라주었지만, 가끔 말썽도 피웠다. 금홍이가 실타래를 가지고 놀다가 바늘을 삼킨 적도 있었다. 예기치 못한 돌발 상황이었다. 그때 놀랐던 생각을 하면 지금도 오금이 저린다. 입에선 피가 흐르고 있었다. 이리저리 날뛰는 금홍이를 간신이 붙잡아 동물병원으로 데리고 갔다. 바늘이 위 깊숙이 내려가 박혀 있는 것을 사진으로 확인했다. 사지에 몰렸던 금홍이가 신속한 수술 덕분에 가까스로 회생할 수 있었다. 의료보험도 안 되니 상당한 액수의 병원비를 치러야 했다. 그래도 한 생명을 구했다는 뿌듯함이 딸과 나의 마음을 편하게 해 주었다. 동물에게도 감정이 있을까? 있다면 목숨을 구해준 딸아이에게 평생 고마움을 느낄 것이란 생각을 해 보았다.

금홍이와 봉순이는 두 내외의 따뜻한 보호를 받으며 평화로운 나날을 보내고 있었다. 딸아이가 첫 임신을 하고 태교를 할 때 봉순이와 금홍이 소리를 자주 들려주었다고 했다. 아기가 태어나면 낯설지 않게, 친구로 지내주길 바랐을 것이다. 14년이란 세월을 같은 공간에서 서로 교감하며 믿음을 쌓아 왔지만, 그들도 자연의 법칙인 생로병사를 피해 갈 순 없었다. 손주가 태어나기 얼마 전 돌연 봉순이가 잠자듯 숨을 거두고 말았다. 임신 말기로 접어든 딸아이의 심신에 충격이 크지 않을까 걱정이 되었다. 의외로 침착했다. 자연 현상이라 받아들이는지, 마음을 다잡고 봉순이의 마지막 길에 정성을 다하는 듯했다. 무거운 몸으로 손수 예쁜 수의를 지어 입히고 꽃 상자에 넣어 동물 장례식장으로 보냈다.

그 후 손주 밀로가 태어나면서부터 모유 수유로 아기를 돌보느라 금홍이는 조금 외로운 시간을 보내야 했다. 게다가 늘 옆에 있던 봉순이가 사라진 것을 느끼는지 한동안 풀이 죽어 있었다. 동물의 가족 사랑도 사람 못지않게 끈끈하다는 걸 말해주었다. 금홍이도 차츰 나이가 들면서 신장 기능이 약해져 동물병원을 드나들게 되었다. 입원까지 시켰지만, 차도가 없었다. 퇴원하던 날, 기력이 다한 듯 딸아이의 품에 안겨 꽃잎 지듯 힘없이 숨을 거두었다.

"금홍아 금홍아!" 애타게 불러보지만 둥글고 투명하던 눈은 무겁게 닫혀 버렸다. 목울대로 치솟는 울음을 삼키려 애써도 눈물은 하염없이 흘렀다.

"미안해 금홍아, 아기 돌보느라 예전처럼 사랑해 주지 못해서. 그리고 고마웠어. 함께 하는 동안 행복했단다. 잘 가."

"그만해라, 금홍이도 그동안의 은혜에 감사하며 떠났을 거야. 좋은 환경에서 나름 평화롭게 복을 누리며 살았지 뭐."

위로의 말을 던졌지만 내 마음도 한없이 허전함은 어쩔 수 없는 인간의 본성, 측은지심이리라.

젖먹이 밀로에게도 엄마의 슬픈 감정이 전달되었을까? 동물 그림책에서 야옹야옹 의성어가 나오면 눈물이 날 것 같은 슬픈 표정으로 입을 삐죽거린다. 눈앞에서 사라진 금홍이를 기억하고 벌써 그리움을 타는 건 아닐까 하는 생각이 들었다.

사회 정의가 무너지고 윤리와 도덕이 점점 사라져 가고 있는 현 세태를 보면서, 세상이 어디를 향해 가고 있는지 두렵기까지 하다. 뉴스에 하루도 빠짐없이 등장하는 패륜범죄, 아동 폭행, 여성 상대의 묻지마식 해코지 등 생명존중의 인성이 타락하고 있음을 피부로 느끼는 요즘이다. 어려서부터 모든 생명은 존귀하며 아껴야 할 대상이라는 교육을 철저히 해야 하지 않을까. 방어 능력이 없는 어린이들, 세상에 태어나 존재가치를 다 알리지도 못하고, 자연 순리에 따라 사라지는 연약한 동식물에도 사랑을 베푸는 보시가 필요할 때이다. 이렇게 모두가 하나의 연결고리로 공존할 때, 멸망이나 파괴가 없는 밝은 세상이 유지될 수 있을 터이다.

선인장의 꿈

봄의 문턱이라고는 하나 코끝에 묻어 온 바깥 공기에선 아직 싸한 겨울 냄새가 난다. 이맘때면 어김없이 찾아오는 고약한 손님이 있다. 골부리는 시누이의 눈총 같은 꽃샘추위가 바로 그것이다.

북으로부터 온다는 삭풍은 나목의 빈 가지에 아직 머물러 있고, 내 마음의 문풍지에도 걸려있다. 때가 되면 봄바람에 자리를 내 주고 계절 따라 훌쩍 가버리겠지만, 내 마음에 서려있는 성에는 언제쯤 녹아내릴지 가늠하기 어렵다.

겨우내 바람의 놀이터가 된 낡은 베란다 한 구석에 밀쳐 두었던 꼬마 선인장이 눈에 들어 왔다. 지난여름 사랑주기를 건성건성 한 탓일까. 뿌리에서부터 허리 밑동까지 삭아서 주저앉아 버렸다. 회생의 기미가 전혀 보이지 않아 그대로 방치해 두고는 아예 잊고 지내오던 터였다. 그런데 다가가서 들여다 본 순간, 작은 탄성이 터져 나왔다.

"어머, 살아있었네. 고맙기도 해라."

거미줄 같은 은 가시덤불 속에 은밀하게 숨겨진 생명의 눈망울을 발견한 것이다. 외씨보다도 작은 꽃망울이 수줍은 듯 발그레한 입술 꼭 다물고 다소곳이 앉아 있는 게 아닌가!

그날로 즉시 안으로 들여 정성껏 사랑의 눈길을 주곤 했다. 그동안의 소홀함에 대한 보상으로라도 더욱 따뜻한 애정으로 대하고 싶었다. 꼬마 선인장 머리 위에 앙증맞은 족두리가 얹히기까진 오래 걸리지 않았다.

아기별꽃 요정들이 하늘에서 내려와, 꼬마 선인장의 심장에 생명의 입김을 불어넣어 준 게 아닐까? 일곱 송이 별 모양 꽃잎들이 얼굴을 맞대고 오보록이 모여 앉아 함박웃음을 터뜨렸다. 거친 사막에 뿌리를 둔 식물의 꽃잎이라 하기엔 그 빛깔이 너무 곱고 여리다.

갑작스런 우환으로 겨울 냉기처럼 썰렁하기만 하던 집안 분위기가 한결 밝아졌다. 요정들이 뿌려놓은 빛 가루에 내 마음도 조금씩 환해지는 것 같았다. 생명은 이토록 경이로운 빛인 것을…. 세상의 모든 아름다움은 생명으로부터 나오는 것이 아닐까.

온갖 고난 속에서도 생명의 의지를 놓아 버리지 않고 끝까지 지켜온 선인장의 강인함을 배우고 싶다. 자아의 신화를 이루어 내기 위해 무언가를 간절히 원할 때, 온 우주는 그 소망이 실현되도록 도와준다는 어느 연금술사의 말처럼, 아마 선인장의 꿈도 그렇게 이루어진 게 아닐까 하는 생각이 든다.

지난 가을 단풍이 곱게 물들어갈 무렵, 나는 돌연 병마와 마주쳤다. '급성심근경색'이라는…. 나와는 별 상관이 없을 것 같은 병명이라 귓속에 들어오지 않던 단어였다. 초기 증상은 급체와 꼭 같아 집에서 응급 처치를 해 보았으나 시간이 갈수록 가슴 통증은 더해지고 눈앞이 뿌옇게 흐려왔다. 실낱같은 숨길조차 드나들 수 없을 정도로 꽉 막혀버린 가슴을 부둥켜안고 종합병원 응급실로 향한 것은 저녁 숟갈을 막 놓고 난 초저녁이었다.

환자의 다급한 심정을 아는지 모르는지 무표정한 간호사는 혈압 측정과 혈액 검사, 심전도 검사만 연거푸 해댔다. 얼마 후 보호자가 호출되어 가고 무언가 한참 동안 상담을 하는 눈치다. 아빠가 계셨다면 얼마나 든든했을까. 토끼처럼 놀란 가슴으로 불려갔을 두 아이들 얼굴에선 아무런 내색도 감지할 수 없었다. 조여오던 숨통도 조금은 트인 것 같아 설마 했다. 그동안 꾸준히 운동도 했고 건강검진도 제때에 받았으며 스스로 느끼는 몸의 컨디션 또한 쾌조였으므로 크게 불안한 생각은 들지 않았다. 적어도 담당 간호사의 냉담한 한마디가 떨어지기 전까진….

"지금 당장 중환자실로 옮겨야 하는데 자리가 없으니 응급실에서 대기하고 있으면 내일 오전 수술을 받게 될 것"이라 했다. 순간 정신이 아득해지며 불안과 공포가 밀려왔다. 천지사방을 분간할 수 없을 만큼 깜깜한 밤바다에 내던져진 조각배의 운명이라고나 할까. 하지만 희미한 의식속에서도 꼭 살아 있어야 한다는 생명에 대한 강한 의지만은 불꽃처럼 타올랐다. 아직 할 일이 너무 많다는 게 생명 연장의 이유가 될까마는 그래도 하늘에 고해야 할 일들이 너무 많은 것 같다. 내 손으로 정리해야 할 일들, 못다 푼 삶의 숙제들, 내가 받은 만큼 되돌려줘야 할 사랑, 세상에 갚아야 할 빚이 헤아릴 수 없이 많은데…. 하늘이시여!

응급실에서 보낸 하룻밤은 내가 경험한 그 어느 밤보다 길고 긴 어둠의 터널이었다. 다음날 아침 〈병원 24시〉라는 TV프로그램의 한 장면처럼 하얀 시트의 침대에 실려 수술실로 향했다.

'혈관조영술'이라는 시술을 받기 위해서다. 주삿바늘처럼 가느다란 관을 통해 관상동맥을 촬영하고 좁아진 혈관이 발견되면 스텐트라는 철망을 끼워 넣는 시술이다. 최첨단 과학의 놀라운 힘이 의술의 발전으로 이어져 많은 생명을 구제한다 생각하니 고맙기 그지없는 인술이요, 의료기술이다.

시술과정은 생각보다 아프지 않고 시간도 많이 걸리지 않았지만 매순간 긴장의 연속이었다. 시술이 끝나고 담당 의사가 모니터 화면으로 시술 부위를 짚어가며 설명해 주었다. 심장을 감싸고 있는 세 개의 관상동맥 중 하나의 혈관 벽이 찢어진 상태였고 그곳에 혈액이 응고되어 막힌 것이라 했다. 따라서 혈액 공급을 받지 못한 심장 근육의 반 이상이 기절한 상태였다고 설명해 주었다.

"환자 분은 운이 참 좋으십니다. 이제 백 살까지 장수하실 겁니다."

의사가 침대 머리맡에서 속삭이듯 말해주었다. 그때서야 긴 안도의 숨을 내쉴 수 있었다. 숨 막히는 육체의 고통으로부터 자유로울 수 있다는 것이 얼마나 큰 행복인지, 무의식속에 이루어지는 들숨 날숨 하나하나가 얼마나 소중한 생명현상인지도 알 것 같았다. 평범한 일상이 우리에게 안겨주는 안락과 평온, 이것이 바로 너무 가까이 있어 보이지 않는 행복의 파랑새임을 미처 깨닫지 못하고 살았다.

꺼져가는 생명의 끈을 놓지 않고 희망으로 다시 태어난 선인장처럼, 고통을 이겨내고 다시 살아난 나의 심장으로 보는 세상은 모두가 감사의 대상이었다. 생명의 적신호를 알려준 통증 또한 얼마나 대단한 내 몸의 파수꾼인가.

꼬마선인장의 꿈은 사막에 있지 않았고 주어진 환경에서 꿋꿋이 생명의 꽃을 피우는 것이었으리라. 그 꽃은 그저 꽃의 요염함으로 뭇 시선을 끄는 데 그치지 않고, 누군가의 가슴에 희망과 용기를 불어넣어주는 요정의 손길이 되고 싶었을지도 모른다.

존재하는 모든 생명의 소중함과 아름다움을 몸으로 가슴으로 느끼게 해 준 꼬마선인장! 그의 생명에 대한 열정이 마른 잎맥처럼 창백해진 내 영혼에 희망의 불씨를 지펴 주었듯이, 나도 누군가의 삶에 용기와 희망의 작은 빛이라도 되어주고 싶다.

흔들리는 소우주

성미 급한 개나리는 봄기운의 입맞춤에 화들짝 놀라 병아리 같은 입술을 터트렸다. 봄의 요정은 눈부시게 화사한 꽃 날개를 달고 어디서부터 오는 것일까? 연둣빛 치마폭으로 살랑살랑 산과 들을 흔들어 깨우고는, 기척도 없이 내려와 도심 한복판에도 봄소식을 뿌리고 지나간다.

길가에 늘어선 벚나무도 봄꽃 축제를 알리는 신호인 양 하나 둘 꽃등을 내걸기 시작한 어느 날, 나는 지구 전체가 흔들리는 요동을 느끼며 응급실로 실려 갔다. 다람쥐 통돌이하듯 어지럼증의 극치를 느끼는 순간이었다. 내 몸이 내 것이 아닌 전혀 낯선 감각으로 나를 곤두박질치게 만들었다. 몸 전체가 흔들리고 있으니 속인들 온전할까, 비위가 뒤집어진 듯 구토가 심해 물 한 모금 넘기지 못하는 고통이 뒤따랐다.

응급실에서 몇 가지 검사를 마치고 휠체어에 실려 입원 병실로 옮겨졌다. 담당의사의 회진이 있기까지 별의 별 상상과 걱정으로 불안에 떨고 있었다. 심혈관이나 뇌혈관에 이상이 생긴 건 아닌지, 심하게 어지럽고 구토 나는 증세가 심근경색 발병 때와 비슷했기 때문이다. 그러나 의사의 확진 결과는 뜻밖에도 전정기관 이상이란다.

우리 몸 구석구석에는 보이지 않는 미세한 세포조직과 신경과 모세혈관까지 일사분란하게 움직이며 맡은 바 임무를 수행하고 있다. 단 한 번도 관심 있게 마음의 눈으로 들여다 본 적이 없는 내 귓속의 미로, 과연 그곳에서 무슨 일이 벌어진 것일까? 밝은 빛 구경 한번 못하고 어두운 굴 속에서 늘 주인의 몸이 좌우상하 평형을 유지하도록 소임을 다했을 달팽이관, 그 수고를 여태껏 의식하지 못하고 지내왔다.

원인은 감기 바이러스란다. 그놈의 바이러스는 안 쑤시고 다니는 데가 없나보다. 소리만의 영역인 비밀스런 미로를 따라 달팽이관의 신경에까지 침투했으니 말이다. 지구상에 신종 슈퍼바이러스가 날로 늘어나 원인 불명의 괴질들을 퍼뜨리고 있다고 하니 인류공동의 심각한 문제가 아닐 수 없다.

조물주의 인간 설계도는 얼마만큼 정확하고 섬세한 것일까? 귓속의 작은 돌[耳石]하나, 또는 달팽이관의 작은 세포 하나가 이상을 일으킨 것뿐일 텐데, 그 파장은 소우주라 할 수 있는 내 몸과 마음 전체를 회오리 속에 몰아넣었다. 온 누리를 주관하여 만물을 창조하시되, 아주 작은 것도 빠진 게 없다는 창조주의 얘기가 새삼 크게 다가왔다.

대자연의 일부라 할 수 있는 사람도 땅과 물과 불과 바람의 기운으로 이루어졌다하니 소우주라 할 수 있겠다. 1년이 열두 달이듯 우리 몸에도 12개의 경락이 있고 1년이 365일이듯 우리 몸에도 365개의 혈 자리가 있다. 공처럼 둥근 지구 위에서 모든 사물과 사람이 지구 밖으로 튕겨 나가지 않는 이치는 서로 끌어당기는 힘 즉 구심력 때문이라고 배운 기억이 난다.

몸도 마음도 균형과 중심이 깨지면 아무 쓸모가 없다는 걸 깨닫는다. 바람 잦은 인생길도 본궤도를 벗어나 이탈하지 않도록 구심을 단단히 잡고 살아가야 하리라. 사는 동안 내 영혼이 깃들어 사는 집, 몸을 잘 보존해야 하는 일은 숙명적 과제이다. 시들지 않는 푸르른 육체 속에 산소처럼 맑은 정신이 깃들기 때문이리라. 몸도 그러하거니와 마음도 중심을 잃고 흔들리게 되면 인생관, 가치관이 함께 무너져 인격적인 삶을 살아낼 수 없을 터이다. 몸과 마음, 겉과 속이 조화를 이루어 하나로 존재해야 하련만 그것이 잘 안 되는 게 감정의 동물, 인간이다.

텔레비전 뉴스나 신문 사회면에 빠지지 않고 등장하는 사건 사고 소식, 천륜을 어기고 일시적 감정의 노예가 된 패륜아의 얘기가 이젠 특종 기삿거리도 안 될 만큼 흔한 일이 돼버렸다. 어린이 성폭행, 학교 폭력, 세계 일위의 자살률 등이 어두운 사회상을 대변한다. 이리 어지러운 세상에서 그래도 중심을 잡고 바르게 걸어가는 선한 사람들이 더 많다는 것에 위안을 삼는다.

광활한 우주의 질서 속에 지구가 태양계를 이탈하지 않고 궤도를 돌

수 있는 원리 또한 구심력과 원심력의 조화 때문이 아닐까. 국가도 마찬가지로 구심인 나라님이 힘 있게 바로서야 국태민안이 될 것이고 가정도 구심인 부모님이 중심을 바르게 잡아야 원심인 자식들 또한 올곧게 자랄 수 있을 것이다.

아이들이 한번 앓고 나면 쑥쑥 크듯 어른도 지독한 고통을 경험하고 나서야 세상 이치를 조금씩 깨닫는다. 심한 어지럼증은 혼자의 힘으로 걸음을 뗄 수 없게 만든다. 아들, 딸이 번갈아 병상을 지키며 나의 발이 되어 주었다. 그동안 무심하게 지나쳤던 소중한 관계, 살아갈 힘이 되어주는 가족의 의미를 되새겨 보게 되었고 평범한 일상이야말로 무엇보다 소중하다는 것도 깨닫는다. 공짜로 누리는 햇빛, 공기, 물, 멋진 자연풍광, 이렇듯 세상에 감사해야 할 일들이 헤아릴 수 없이 많다는 걸 알아차릴 때, 우주의 본성이 사랑이라는 진리도 조금은 깨닫게 되지 않을까. 지금 이 순간 지구가 돌고 있음을 느끼지 못하듯, 너무도 큰 사랑과 은혜는 우리의 작은 눈, 무디어진 감각으로는 느낄 수 없는 것일지도 모른다.

서서히 인생을 정리할 나이에 이르렀다. 이제는 주어진 것에 만족할 줄 아는 여유와 감사의 삶을 펼쳐 나가야 하리라.

요즘 나는 아침에 눈 떠서 바라보는 천정이 빙그르르 돌지 않음에 감사한다. 어둠이 계속되지 않고 밝은 새 날을 맞을 수 있음에 감사하고, 여전히 뛰고 있는 심장에도 격려와 감사의 기운을 보낸다. '황금시간을 붙잡은 덕에 가까스로 기사회생한 나의 심장아! 오늘도 부탁해.' 나지막이 속삭여 주곤 한다. 그리고 칠십 평생 고생한 나의 장기들에게 이렇게 말해준다. "미·용·고·사" (미안해, 용서해, 고마워. 사랑해) 바깥세상에서도 자주 표현하는 습관을 가져 보리라 다짐한다.

벼르고 벼르던 벚꽃놀이는 올해도 엇박자가 되었다. 병원을 오가는 차창 밖으로 가로수 벚꽃들이, 나비가 되어 하르르 흘러내리는 풍경을 감상하는 것만으로 만족해야 했다.

화창한 봄날, 모처럼의 수필 야외수업에도 동참하지 못하고 방안에서 재활운동만 반복하고 있자니 새장에 갇힌 새처럼 하늘이 그립고 밖이 궁금하다. 봄 햇살 즐기며 거리를 활보하는 건강한 걸음들이 그렇게 부러울 수가 없다. 병원에선 특별한 치료약이 없단다. 안구 근육을 단련시키는 재활운동만이 방법이란다. 의사의 지시대로 연신 도리도리와 걸음마에 푹 빠져 지내는 동안 눈부신 햇살 희롱하는 봄날은 멀리 가고 있다.

선택 하나, 가지 않은 길

세상에 태어나는 일은 내가 선택할 수 없다. 부모 또한 내가 정한 게 아니다. 하지만 자라면서 인지능력과 분별력을 갖추게 되면 스스로 결정하고 선택해야 할 일들이 참으로 많아진다. 순간순간 선택의 기로에 서서 망설일 때도 있다. 그날이 그날인 것처럼 보이는 소소한 일상도 가만히 들여다보면, 아침에 눈을 떠서 잠자리에 들기까지 수많은 선택의 결과물들로 이루어져 있다.

하루의 시작부터 머릿속은 바빠진다. 무엇을 먼저 해야 할까, 청소부터? 아님 운동 먼저? 오늘 아침 식사 준비로 어떤 식재료를 꺼낼까, 결정하기까지 냉장고 문 여닫는 소리가 자발스럽다. 우리 선조들은 먹는 행위를 중요한 일로 여겨 식사食事라 불렀다. 무엇을 어떻게 고르고 어떻게 먹어야 할까, 식재료의 선택과 식습관이 평생의 건강을 좌우한다하니 중요한 일 중 하나임에는 틀림없다. 체질에 따라 내 몸이 원하는 음식이 따로 있을 법도 하다. 내가 먹은 음식이 바로 내 몸을 만든다는 건강 원리를 머리로는 꿰고 있지만, 실생활에선 잘 지켜지지 않는 게 병폐라면 병폐다.

먹는 것뿐 아니라 입는 옷, 사는 집, 종교와 사상, 친구 등등 내 의지로 선택해야 할 대상은 다양하다. 아주 작은 일에서부터 평생 배필을 고르는 일생일대의 중차대한 선택까지…. 어쩜 사는 동안 늘 맞닥뜨리는 일상의 과제일지도 모른다.

어려서 잘 선택한 양서 한권이 인격 형성의 밑거름이 되기도 하고 인생의 스승이 되기도 한다. 절망의 끝에서 만난 멘토의 한마디 조언이 생의 전환점으로 작용하여 인생역전의 기회가 되었다면, 그 선택의 주인은 뜻밖의 큰 선물을 받은 행운아가 된다. 이렇게 만족한 선택의 결과를 얻으려면 냉철한 판단력과 직관력으로 개척정신을 발휘해야 할 때도 있다. 두뇌 계발의 시대, 앞으로는 알파고 같은 인공지능이 알아서 대신 판단하고 결정하는 등, 선택의 짐을 덜어줄 지도 모를 일이지만.

언젠가 영상매체를 통해 소개되었던 젊은 부부의 산골생활 얘기가 신선한 감동으로 다가왔다. 명문대를 나와 번듯한 직장도 가지고 있었다. 능력도 환경도 미래가 보장될 만큼 쟁쟁한 실력파 엘리트가 탄탄대로를 거부하고 두메산골의 자갈길을 선택한 데에는 분명 이유가 있지 싶었다.

하늘만 빤히 보이는 첩첩산골에 허름한 외딴집이 소개되었다. 목욕시

설도 없고 화장실도 비가 새어드는 재래식 뒷간이다. 소변은 따로 받아 두었다가 무공해 텃밭에 거름으로 낸다고 했다. 부엌에서 세수도 목욕도 해결해야 하고, 난방이 제대로 안 되는 방에서 양말과 목도리까지 하고 잠자리에 든다고 했다. 이런 환경적 어려움을 겪어보지 못한 젊은 세대들에겐 최악의 생활 조건이었지만 그들 부부는 불편이 곧 불행이라고는 생각지 않았다. 자연의 힘을 믿었을 터이다. 자연은 변화가 있을 뿐, 영원한 생명이라고 누군가는 말했다. 그들은 참 생명을 자연에서 찾고자 했다. 젊음을 자산으로 오염되지 않은 환경에서 미래의 푸른 꿈을 일구고 싶었으리라. 물질만능 시대에 부나 명예보다 정신적 풍요를 택한 그들의 용기가 대단하다는 생각이 들었다.

잘 먹고 잘 사는 법이 과연 무엇일까, 행복의 기준과 가치를 어디에 둘 것인가를 놓고, 세상을 멀리 내다보는 그들만의 통찰력과 예지가 빛을 발하지 않았을까 싶다.

혼탁한 도심의 스트레스 속에서 젊음을 다 바쳐 직장 일에 매달렸다고 가정하자. 승승장구하며 목적을 이루었으니 겉으로 보기에는 성공한 인생으로 분류될 수도 있다. 하지만 먼 훗날까지 육신과 영혼의 온전한 건강, 온전한 행복이 이어질 수 있을까를 고민했을 터이다. 공해에 찌들지 않은 자연의 청정한 공기와 정직한 흙이 내어주는 하늘밥을 아이들에게 실컷 먹이고 싶었으리라.

달팽이처럼 천천히 그러나 멈춤 없이, 가지 않은 길을 향해 걸어가는 젊은 부부! 그들의 용기 있는 선택에 응원의 박수를 보내고 싶다.

흙에 뿌리를 맡긴 울창한 숲처럼, 그들의 꿈도 자연의 축복 속에 튼실하게 뿌리내리길 기도해 본다.

선택 둘, 가난한 기부천사

태초의 잘못된 선택으로는 이브의 원죄를 꼽을 수 있지 않을까. 에덴동산에서 선악과를 선택하고 쫓겨난 이브! 선택은 자유다. 그러나 그 자유에는 응당 책임이 따른다. 유혹을 이겨내지 못한 순간의 선택이 죄의 씨앗으로 남아, 오늘날까지 그 대가를 치르고 있는 셈이다. 이브의 선택이 완벽했다면 지금과 같은 인간세상은 열리지 않았을지도 모른다.

'신이 아닌 인간이니까.' 완벽하지 않더라도 더러는 용서 받고 미욱한 구석도 인정받을 수 있는 게 아닐까. 이런 틈새의 여유를 누릴 수 있는 세상이어서 다행이라는 엉뚱한 생각도 해본다.

무시로 겪게 되는 선택의 뒷맛은 여러 가지다. 만족할 만큼 상큼 달달한 맛일 때도 있고, 씁쓸 떨떠름한 애매한 맛일 때가 있는가 하면, 앗차! 돌이킬 수 없는 후회의 쓴맛일 때도 있다. 그래서 누구나 선택 앞에서는 심사숙고하게 된다.

텔레비전 화면 가득 클로즈업되어 오는 재계, 정계, 법조계 등 거물급 인사들의 얼굴이 요즘은 연예인 보기보다 쉬운 것 같다. 탈세 의혹, 비자금 파문, 뇌물 수수의혹 등 법을 가장 잘 알고 지켜야 할 사람들이 각종 비리와 연루되어 줄줄이 심판대에 오르고 있다. 부나 명예나 타의 추종을 불허한다는 고위층들이 왜 그런 검은 선택을 했을까? 뭐가 부족해서…. 우리 같은 바닥 층 서민들은 이해하기 어렵다.

한편, 어느 방송매체 뉴스시간에 방영된 기부천사 이야기는 치솟는 불쾌지수를 가까스로 진정시켜 주었다. 바람 파도를 타고 쏴아 쏴 밀려오는 매미울음소리가 여름의 절정을 알리고 있는 요즘, 몇 주째 이어지는 폭염으로 하루 버티기가 힘겹다. 이럴 때, 전파를 타고 들려온 어느 할아버지의 선행 소식은, 한줄기 소낙비처럼 갈증을 씻어내 주었다. 아름다운 선택의 주인공은 60대 중반의 가난한 기초생활 수급자였다. 국가에서 지급하는 얼마 안 되는 생계비를 아끼고 아껴 저축을 했고 그 금쪽같은 돈을 해마다 100만 원씩 6년째, 살고 있는 지역 주민센터에 기부를 해 왔단다. 직원들은 그 돈이 어떤 돈인지 너무도 잘 알기에 생계가 어려운 주민을 발굴해 공정하고 투명하게 전달하고 있다고 했다.

할아버지는 배운 기술도 없고 글도 잘 모른다고 했다. 그러니 변변한 일거리도 없이 하루하루 막일로 생계를 유지할 수밖에 없었으리라.

27년 전 그는 생의 어려운 고비를 맞게 되었다. 경제적 고통을 참지 못한 아내가 두 아이들을 남겨 놓은 채 집을 나갔다. 삭월 세도 제대로 못내는 막막한 처지에 놓이게 되자 아이들과 함께 생을 포기하려는 극단적인 생각을 품기도 했다.

그 즈음 궁여지책으로 지역 주민센터 문을 두드리게 되었다. 딱한 사정을 접한 담당 직원이 발 벗고 나서서 기초생활 수급자등록을 해주었고 그가 거처할 작은 임대주택도 마련해 주었다. 글을 모르는 할아버지를 대신해 직접 찾아다니며 필요한 서류 절차를 손수 해결했다고 했다.

절박한 좌절의 벼랑 끝에서 한 줄기 빛을 만난 것이다. 담당 공무원의 배려와 도움이 없었다면 오늘과 같은 선행의 뜻을 선택할 수 없었을 거라고 그는 회고했다. 지역 주민들을 내 가족처럼 아끼고 보살피는 그런 공무원이 있다는 건 그래도 우리 사회 저변에 측은지심이라는, 인간의 본성이 살아있음을 보여주는 희망적인 얘기가 아닐까.

기부천사는 그동안 열심히 사느라, 이름도 모르는 고마운 인연을 찾을 길이 없었다. 마음속에 고이 담아 두고 잊은 적은 없었지만 다시 만난다는 건 상상도 못했다. 그때의 고마움을 갚기 위해 뜻을 세우고 가난한 기부천사로 지금까지 착하게 살아왔다.

좋은 일을 베푸는 사람에게는 언젠가 부메랑이 되어 다시 돌아온다고 했던가! 27년 전 그 고마운 얼굴을 만나는 행운이 찾아 왔다. 그 직원도 할아버지도 감격의 순간이었으리라. 훈장처럼 세월의 흔적이 새겨진 할

아버지 얼굴을 그 직원도 알아보았다. 서로가 서로에게 고맙다고 했다. 어려움을 잘 이겨내고 이웃을 돕는 뜻있는 일까지 하고 계신 할아버지가 더 없이 고마웠으리라. 할아버지 또한 항상 가슴에 품고 있던 소망을 이루었으니 그 직원의 건재가 고마웠을 터이다.

그 연세에 만성질환도 가지고 있고 형편도 어려운데, 어찌 이런 선행을 지속적으로 실천해 왔냐는 취재진의 질문에, '그 직원에게 배운 것을 그대로 실행에 옮기는 것뿐'이라고 대답했다. 할아버지의 순수한 미소가 퍽 만족해 보였다.

정신과 전문의 어느 교수의 말에 의하면, 없는 사람 주변에는 같은 부류의 사람이 모이게 되고 따라서 도와주고 싶은 대상이 눈에 잘 들어온다고 했다. 유유상종이랄까, 반면 부유층 사람은 비슷한 수준의 사람과 어울리게 되므로 어려운 사람이 안 보이는 거라고…. 부조리한 우리 사회의 한 단면을 보는 것 같아 씁쓸했다.

기부하는 사람의 심리는 내가 100만 원을 기부했을 때 그 돈을 내가 받은 것과 같다는 생각을 한다고 했다. 마음의 부를 누려서 일까? 아리송한 심리학 논리지만 미루어 짐작할 수는 있었다. 베풀 때의 기쁨은 내가 받을 때보다 그 강도가 훨씬 크다는 걸 경험한 적은 있지만, 범인의 마음으로 기부천사의 깊은 뜻을 다 읽을 수는 없을 것 같다.

이렇게 보이지 않는 음지에서 환한 빛 가루로 주위를 밝히는, 아름다운 선택의 주인공들이 있어 그래도 세상은 돌아가는 것 아닐까.

기초생활수급비 몇십만 원을 절약해 모은 돈으로 선행을 해 오신 가난한 기부천사가 우리 모두를 부끄럽게 만들었다. 가난한 자가 달아 밝힌 연등이 넉넉한 자의 그것보다 훨씬 효험 있으며 나 자신을 위한 기도보다 남을 위한 기도가 쉬이 이루어진다는 법정스님의 말씀을 들은 적 있다. 이렇게 가치 있는 삶을 구현하는 기부문화가 지구촌 곳곳에 정신문화로 확산되었으면 좋겠다.

나의 열세 자리 숫자

우리는 매 순간 숫자와 마주친다. 하루의 시작부터가 숫자와의 만남이다. 게슴츠레 반쯤 감긴 눈으로 시계판의 숫자를 더듬는다. '6'이라는 숫자의 명령에 따라 기상하고, 거실의 텔레비전 앞으로 이동하면 리모컨의 숫자와 또 만난다. 오늘 할 일을 귀띔해주는 메모 달력에 눈길이 머문다. 동그라미 속 숫자가 크게 손을 흔든다. '병원예약 10시.' 고맙다는 눈인사를 한다. 도도하게 흐르는 세월의 장강을 따라, 날이 가고 달이 가고 해가 바뀌는 일들을 정확히 말해주는 것 또한 숫자다.

1962년, 새로 제정된 주민등록법에 따라 우리나라 국적을 가진 모든 국민은 그때부터 열세 자리 숫자를 문신처럼 품고 살아간다. 나를 대변하는 열세 개의 숫자, 언제부턴가 그 죄 없는 숫자가 정보의 바다에 무방비로 내몰리게 되어 사회에 물의를 일으키고 있다. 범법자들이 쳐놓은 검은 그물에 눈먼 물고기처럼 걸려들어 수난을 겪기도 한다. 보호되어야 할 개인정보가 터진 자루에 알곡 새나가듯 마구 흘러나와 애먼 이들에게 고통을 주고 있으니, 정보화 사회가 결코 문명의 이상향만은 아닌 것 같다. 이런 문제점과 부작용을 줄이기 위해 주민등록번호를 대신할 수 있는 제도가 마련되고 있다 한다.

MY-PIN(마이핀)과 I-PIN(아이핀) 제도이다. 이를 이용하려면 인터넷 홈페이지나 동사무소에 가서 신청할 수 있다고 한다. 마이핀은 인터넷이 아닌 일상생활에서 사용할 수 있는 본인 확인 수단이고, 아이핀은 인터넷상에서 주민등록번호 대신 사용할 수 있는 사이버 신원확인번호이다. 개인정보 보호를 위한 호구지책이지 싶다. 이래저래 정보기술 시대에 뒤처진 황혼 인생이 살아가기엔, 점점 복잡하고 어려운 세상이 되고 있다.

지난해 봄의 일이다. 1세기에 한 번 있을까 말까 한 세월호 대참사로, 온 나라가 슬픔에 잠겨 있을 즈음 나는 황당한 전화 한 통을 받았다. 개인정보 유출로 인한 금융 피해사건이라 했다. 처음 당하는 나로선 난감하여 어찌할 바를 몰랐다. 도둑맞은 나의 13자리 숫자가 범죄에 이용되고 있다니! 온몸의 피가 거꾸로 도는 듯 긴장되어 아무 생각도 할 수 없었다.

처음 걸려온 전화는 여자 목소리였다. 농협이라며 내 명의의 통장으로 누군가가 돈을 인출해 갔다고 했다. 그 사람 행동이 수상해서 해당 경찰서에 신고했고 사이버 경찰관이 나와 있으니 바꿔준다 했다. 그 후 경찰관이라는 사람은 피해자인 나를 보호할 테니 안심하라며 범인을 찾는 데

협조하라 했다. 여러 가지 질문에 사실대로 대답하라며 서울에 있는 모 농협과 부산지역에서 통장을 발급한 적이 있느냐고 물었다. 연고도 없는 부산 지역에는 간 적도 없고 거래한 적도 없다고 했다. 그럼 검은돈을 받고 누군가에게 통장을 만들어준 적 있느냐고 물었다. 황당한 질문이었다. 현재 두 건의 금융 사기사건이 검찰에 접수돼 있으니 출두해서 조사를 받아야 한다고 엄포를 놨다. 담당 검사 이름과 사건번호까지 대면서 메모하라 일렀다. 그런데 출두하지 않고 조사를 받는 방법이 있으니 담당 검사에게 부탁해본다는 것이다. 그 방법이라는 게 현재 가지고 있는 거래 통장의 돈을 일단 다 찾아서, 금융감독원 무슨 조사위 명의의 통장으로 옮겨 검사를 받은 뒤 내 계좌로 다시 넣어 준다는 조건이었다. 어찌나 집요하게 사건을 이끌어 가는지 점점 그의 논리에 압도되어 옴짝달싹 못하고 나의 판단력은 얼어붙었다. 휴대전화를 끄지 말고 그대로 휴대한 상태에서 가끔 수화만 확인하라 했다. 집을 나서서 은행으로 이동할 때도, 은행에 도착해서 돈을 인출할 때도 그랬다. 검은돈을 받고 대포통장을 제공했다는 누명을 벗기 위해, 그 상황에선 그들이 시키는 대로 움직일 수밖에 없었다. 돈을 찾아 거래 은행 문을 나왔다. 다시 전화를 귀에 대고 다음 지령을 들어야 했다. 가까운 다른 은행으로 가란다. 그들의 밀착 조종에 말 잘 듣는 로봇처럼 움직이고 있는 나를 발견한 것은 마지막 한순간이었다.

은행에서 찾은 돈뭉치를 가슴에 안고 나오며 섬광처럼 뇌리를 스치는 그 무엇인가가 나를 흔들어 깨웠다. '이 돈이 송금되는 순간 바닷속에 흔적 없이 잠긴 세월호처럼 사라질지도 몰라.' 나갔던 정신이 퍼뜩 돌아오는 순간이었다. 발길은 어느새 다른 은행 앞까지 와 있었다. 휴대전화를 들어 통화를 시도했다. 국가기관이라는 걸 확인할 수 있는 전화번호를 달라고 했다. 그쪽에선 그렇게 못 믿겠으면 오늘 중으로 검찰에 출두해서 직접 조사받는 방법밖에 없다고 엄포를 놨다. 송금 후 전산으로 조사한 뒤 몇 초안에 곧바로 돌려준다는 거였다. 나는 그래도 확인을 해야겠다고 우겼다. '그럼 지금 연결된 번호로 전화해보시든가.'라며 말을 흐렸다. 내 전화로는 확인 전화를 걸 수 없으니 공중전화나 타인 전화를 빌려 쓸 수밖에 없었다.

우선 은행 안으로 들어가 안내데스크에 도움을 청하기로 했다. 여직원에게 사정 이야기를 하고 내 전화기 화면에 찍혀 있는 번호로 전화 한 통화만 걸어 달라고 부탁을 했다. 신호음이 몇 번 울리자 연결이 됐다.

"실례지만 어디신가요?"

"여긴 수녀원인데요."

순간 머릿속이 텅 빈 듯 하얘지고 다리에 힘이 쭉 빠졌다. 휘청거리는 발걸음으로 경찰 지구대의 문을 밀고 들어가 자초지종을 털어놨다. 또 다른 사람에게 이런 피해가 없도록 단속해 주십사하는 당부였다.

"이런 경우가 허다합니다. 범인들은 무작위로 전화를 걸어 보이스피싱을 시도한답니다. 경찰이 받는 경우도 있다니까요."

주민등록번호로 나이 든 상대를 골라 낚시를 시도한단다. 조직적으로 움직이는 사기범들은 이 순간도 끊임없이, 눈먼 고기를 향해 낚싯대를 드리우고 검은 그물을 펼치고 있으리라. 눈 뜨고 있어도 코를 베어 간다는 이 험한 세상에서 열세 자리 나의 숫자를 안전하게 지킬 방법이 있기나 한 건지.

양심이 실종된 우리 사회의 단면을 보는 듯하다. 비리와 권력 남용이 판치고 폭력이 난무하고, 보이스피싱이니 스매싱이니 하는 사기사건이 끊일 새 없는 어수선한 세태 속에, 소시민이 발붙이고 살아갈 안전지대는 어디일까. 얼굴 없는 목소리가 문어발처럼 세를 뻗치고 있는 불안한 현실이다. 언제쯤 태양처럼 밝은 마음, 양심이 살아 있는 좋은 세상이 될까?

그러나 음지가 있으면 양지도 있는 법, 이른 아침 너나없이 바쁜 출근길에서 일어난 일이다. 뺑소니 사고로 쓰러져 있는 환자를 구하기 위해, 차에서 내려 심폐소생술을 시도하다가 트럭에 치여 목숨을 잃은 의로운 젊은 가장도 있다. 거액의 돈뭉치를 탐내지 않고 주인을 찾아준 정직한 택시기사의 선행도 종종 볼 수 있지 않은가! 평생 어렵사리 모은 재산을 기꺼이 내놓는 기부천사 할머니도 세상을 훈훈하게 한다. 이렇듯 햇살처럼 밝은 마음들이 행복 바이러스로 퍼져 어두운 곳을 치유했으면 좋으련만. 우리가 사는 세상은 빛과 그림자, 낮과 밤, 선과 악이 공존하는 불완전 사회임을 어쩌랴.

김순자 수필집

사유의 뜰

인쇄 2021년 8월 20일
발행 2021년 9월 1일

지은이 김순자
발행인 서정환
펴낸곳 수필과비평사
주소 서울시 종로구 삼일대로 32길 36(익선동 30-6 운현신화타워 빌딩) 305호
전화 (02) 3675-3885 (063) 275-4000·0484
팩스 (063) 274-3131
이메일 essay321@hanmail.net
출판등록 제300-2013-133호
인쇄·제본 신아출판사

ISBN 979-11-5933-354-5 (03810)
값 13,000원

Printed in KOREA

*본 사업은 2021년도 천안문화재단 문화예술지원금을 지원받은 사업입니다.